U0088471

可怕的
驚奇謎團

是巧合

還是

命中註定

永續圖書線上購物網

讀品文化事業有限公司

www.foreverbooks.com.tw

yungjiuh@ms45.hinet.net

精選故事系列 24

可怕的驚奇謎團：是巧合還是命中註定？

編　　著　艾賓斯
出 版 者　讀品文化事業有限公司
責任編輯　賴美君
封面設計　林鈺恆
美術編輯　王國卿

總 經 銷　永續圖書有限公司
TEL ／(02)86473663
FAX ／(02)86473660
劃撥帳號　18669219
地　　址　22103 新北市汐止區大同路三段 194 號 9 樓之 1
TEL ／(02)86473663
FAX ／(02)86473660
出 版 日　2019 年 08 月

法律顧問　方圓法律事務所　涂成樞律師
CVS 代理　美璟文化有限公司
TEL ／(02)27239968
FAX ／(02)27239668

國家圖書館出版品預行編目資料

可怕的驚奇謎團：是巧合還是命中註定？
／艾賓斯編著.--初版. --新北市 ： 讀品文化, 民 108.08
面； 公分. -- （精選故事系列：24）
ISBN 978-986-453-103-5 (平裝)
1. 奇聞異象
297　　108009331

1 Chapter

可怕的生命謎團——生老病死的輪迴之劫

2 Chapter

可怕的異世界謎團——那些來自另一個世界的聲音

3 Chapter

可怕的巧合謎團：真的是巧合抑或冥冥中註定

CONTENTS

4 Chapter

可怕的災難謎團：天地不仁以萬物為芻狗

可怕的生命謎團
生老病死的輪迴之劫

生老病死是誰也逃脫不了的命運之輪。

然而就在這平常的規律之中，卻又有多少是人類真正掌握的呢？

而這其中常常發生的諸多異常之事，

為什麼只是發生在極少數人的身上呢？

人體靈異

為什麼有的人很正常，有的人卻不正常？
到底是正常的人不正常，
還是不正常的人正常？

人體為什麼會產生自燃現象

你聽說過汽車自燃，但是你知道人體也能自燃嗎？

2008年，泰國發行了一部驚悚影片《人體自燃》，講述了這樣一個故事：某天夜裡，一家米店，莫娜的媽媽感到肚疼難忍。市場米店起火，警方趕到現場時，死者的軀幹已被焚燒殆盡，只剩四肢，慘不忍睹。奇怪的是，現場只有床鋪中央有火燒痕跡，火焰像是由人體內部爆發而出。

第二起人體自燃事件在曼谷發生。在印度古魯教儀式上，親眼目睹了妖火自人體腹部噴發而出……隨著調查的深入，莫娜慢慢發現這些死者都有一個共同的特點，然而此時，莫娜的腹部開始隱隱作痛，她感覺到有一股不知名的熱量開始在腹中孕育，她會是下一個自燃人嗎？

整部影片在驚悚懸疑中落幕，人體真的能像汽車一樣自燃嗎？其實，人體自燃就是指一個人的身體未與外界火種接觸而自動著火燃燒。時至今日，雖然現代科學界和醫學界都否定人體自燃的說法。然而，不為科學界所承認，並不代表不存在。

1673年，有個叫帕里西安的人，躺在草墊床上化為灰燼，只剩下頭骨和幾根指骨，但草墊床除了他躺的部位外都保持原樣。這是有關人體自燃現象的最早記載，見於義大利的一份醫學資料。

1744年，英格蘭的伊普斯威奇城有一位60歲的派特夫人，一天早上她的女兒發現她死在地板上，好像一段被燒光的木頭，在附近的衣物卻完好無缺。

1949年12月15日，美國新罕布什爾州的一個53歲，名叫科特里斯的婦女在家中被燒死了。曼徹斯特警方在調查中發現，那具不像人形的恐怖屍體躺在房間的地板上，可是房間內的物體卻沒有遭到絲毫破壞，而且壁爐也未曾使用過，甚至在其他地方也找不到火種。美聯社報導說：「該婦人在燃燒時一定像個火球，但是火焰卻沒有燒著她家裡的任何木料。」……如今，類似的歷史記載已有200多起。

人體自燃的形式多種多樣，有些人只是受到輕微的灼傷，另一些則化為灰燼，更令人不可思議的是，受害人所睡的床、所坐的椅子，甚至所穿的衣服，有時候竟然沒有燒毀。更有甚者，有些人雖然全身燒焦，但一隻腳、一條腿或一些指頭卻依然完好無損。在法國巴黎，一個嗜喝烈酒的婦人在一天晚上睡覺時自燃而死，整個身體只有她的頭部和手指頭遺留下來，其餘部分均燒成灰燼。

在發生過的人體自燃事件中，男女受害人的數目比例大致相同，年齡從嬰兒到114歲的老人都有，其中很多是瘦弱的。他們有的人是在火源附近自燃，有的人卻是在開車或是毫無火源的地方行走時莫名其妙地著火自燃的。

17和18世紀，人體自燃現象，特別是發生於酒徒身上的事例，一般視作上帝的懲罰。19世紀，研究人員從非宗教的角度找尋這些火災的成因，並提出了更多可能性，包括以下列舉的一種或多種的結合：

1、腸內的氣體容易燃燒。

2、屍體產生易燃氣體。

3、某些元素或混合物一旦暴露於空氣中就會自動著火，如人體元素之一的磷。

4、有些化學品本身並不活躍，但與其他物品混合時會引起爆炸。

5、人體內所含的大量脂肪是極佳的燃料。

6、靜電產生火花，在某種情況下可能引起人體著火。

然而，越來越多的事實證明上述各種假設都不是人體自燃的真正成因。目前，學術界較為公認的一種解釋是「燈芯效應」（也稱做「蠟燭效應」）。根據這個理論，酒醉或昏睡中的人穿的衣服被火點燃，皮膚被燒脫落，皮下脂肪融化、流出，衣服被液化脂肪浸濕後成了「燈芯」，而體內的脂肪就像是「蠟」，源源不斷地提供燃燒的燃料，於是屍體就像蠟燭一樣慢慢地燃燒，直到所有的脂肪組織都被燒完。

這個理論雖然可以解釋上面所歸納的「人體自燃」的特徵，但是一直沒有合理的生理學論據足以說明人體如何自燃甚至於化為灰燼。因為如果要把人體的骨髓和組織全部燒毀，只有在溫度超過華氏3000度的高壓火葬場才有此可能。至於燒焦了的屍體上尚存有未損壞的衣物或者是一些皮肉完整的殘膚，就更令人覺得有些神祕莫測了。

人體第六感官產生之謎

一般人都擁有五感，
然而有的人卻擁有第六感，
能感覺到你所感覺不到的世界。

榮獲奧斯卡金球獎8項提名的《靈異第六感》，講述了這樣一個故事：

柯爾擁有靈異的第六感，可以見到常人見不到的鬼魂，長久以來飽受鬼魂的困擾，這讓他十分害怕。傑出的兒童家庭心理學者麥爾康醫生決定幫助他。

柯爾並不容易接近，但麥克還是慢慢贏得了他的信任，得知了柯爾的祕密。麥克在證實了事情的真相後，幫助柯爾接受了這個事實，並學會在第六感的召喚下，幫助別人，走出生活的陰影。可是就在問題即將得到解決的時候，麥克卻在柯爾的引導下，發現了一個更令人震驚的祕密，原來自己早已經死了……

現實生活中的人究竟有沒有第六感呢？

古希臘科學家、哲學家亞里斯多德很久以前就認為，人有五種感覺：視覺、聽覺、嗅覺、味覺和觸覺。但是，生活中許多人，尤其是女性，對「第六感」的存在深信不疑。

加拿大心理學家羅奈爾得・任辛科試圖透過實驗來驗證第六感的存在。在實驗中，實驗對象被要求觀看在電腦螢幕上閃現的一系列圖像，每個圖像在螢幕上停留大約1/4秒，接著被短暫的空白螢幕所取代。

40名實驗對象被分成兩組，其中「實驗組」觀看到的圖像之間存在細微的差別，而「控制組」前後看到的圖像則是完全相同的。結果顯示，「實驗組」中的12人在504次測試中，有82次報告說在他們能確認圖像發生的是什麼變化之前，他們已感覺到圖像發生了變化。而在「控制組」中，同樣的被測人員也確信沒有發生什麼變化。這說明人們對兩種實驗的反應確實是不同的。

任辛科分析說，我們的視覺系統能產生一種強烈的不明感覺，它能察覺到某物已經發生了的變化，即使我們的智力難以對該變化進行形象化處理，並且不能說出發生了什麼變化，或哪裡發生了變化。因此，任辛科提出，「相信第六感存在的人，可以從這一現象中找到很多解釋」。儘管目前他還無法從物理學上解釋「心智直觀」是如何產生的，但是他認為可以使用腦部掃描技術來驗證它是否存在。任辛科的發現，似乎並無太大的意義，因為按統計分析的一般規律，此結果並沒有普遍性，不足以成為一個科學的結論。更有專家認為，對心理學研究來說，「第六感」有點像UFO、外星人一樣，沒有直接的證據表明它確實存在。

儘管如此，2006年12月13日的英國《泰晤士報》的一篇報導似乎又為「第六感」的存在提供了證據。一名因中風導致處理視覺信號的腦部區域受損而完全失明的男子，雖然看不到物體的運動、形狀、顏色或光亮，也分辨不出動物的面孔是否有攻擊性，卻能「看到」人類臉部憤怒、快樂或恐懼的表情，並對其做出反應。

英國威爾斯大學的研究人員向他展示了200幅人類各種表情的照片，他辨認的成功率近60％。科學家對其腦部進行的核磁共振掃描顯示，這名男子在面對有表情的人類面孔時，腦部的右情緒中樞就會活躍起來，而且面對恐懼表情時反應最大。研究報告稱，右情緒中樞區域遠離腦部的視覺中心，通常會對非言語表達的情緒和臉部表情等視覺信號做出反應。而他並沒有接收到視覺信號，因此可以表明，該區域可能負責處理「第六感」收集的臉部表情信息。

無論認為第六感是無稽之談，還是對其深信不疑。科學始終沒有給出明確的答案。而相信第六感的人，認為不同的人會有程度不同的感知性，並列出了第六感的十種表現：

1、曾經作過的夢境在現實中果然發生了。

2、到一個從未去過的新的地方，卻發現非常熟悉那裡的景物。

3、在別人尚未開口時，已知道他將說什麼。

4、常有正確的預感。

5、身體有時出現莫名其妙的感覺，如蟻爬感，短暫的刺痛感。

6、能預知電話鈴響。

7、預見會碰到某人，果然如此。

8、在災禍到來前有不適的生理反應，如窒息感、乏力等。

9、常做彩色繽紛的夢。

10、會不時聽見無法解釋的聲音。

如果一個人真的具備了靈異的第六感，對他個人而言，不知是可怕，還是可喜？

雙胞胎有心靈感應之謎

人們都知道雙胞胎相貌相似，
但他們的心裡是否也有靈犀，
是否真的有心靈感應？

美國有一對孿生兄弟，生於俄亥俄州，出生後不久就分別被人收養。四十多年後，兩人團聚時，難以置信的發現兩人的生活有著驚人的相似：他倆都叫詹姆斯，都受過執法訓練，都喜愛機械製圖和木工，而且他們各娶過一個名字都叫琳達的妻子，各有一個兒子，並且兩個兒子的名子都叫詹姆斯·阿倫。他倆又都離婚，而以後又都娶了個叫貝蒂的女人。此外，兩家寵物狗的名字都叫「玩具」。

類似的神奇相似，經常發生在雙胞胎之間。這是為什麼，怎麼那麼巧，這是不是就是傳說中的「心靈感應」？雙胞胎之間到底有沒有「心靈感應」存在？美國明尼蘇達大學的研究人員，對九對分別在不同環境下撫養大的同卵孿生雙胞胎，進行了六天的醫學測驗、心理測驗和多次訪問。讓他們回答有關興趣、愛好以及判斷力等一萬五千個問題。測驗結果是令人訝異的。

四十七歲的奧斯卡和傑克是一對出生在特立尼達島的雙胞兄弟。父親是猶太人，母親是德國人。出生不久，奧斯卡由母親帶到德國撫養，並且成為一個天主教徒，傑克則由父親按照猶太人的風俗撫養，住在加勒比海一帶。這兩兄弟的工作、生活和家庭狀況都完全不同，可是當他們闊別四十年第一次見面時，卻帶著相同的眼鏡，穿著同一類型的衣服，留著同樣的鬍子。在他們接受一組問題測驗時，也顯示出同樣的態度和習慣。

而在雙胞胎之間的各種神祕聯繫中，最讓人稱奇的莫過於轉移疼痛。一方的痛苦，完全不知情的另一方真的可以感同身受嗎？

里克和羅恩是異卵雙胞胎，即兩個卵子同時受精，就產生了兩個不同的受精卵。1955年3月，當里克和羅恩即將出生的時候，醫生不得不為他們的母親施行了剖腹產手術，因為她的兒子們看起來似乎並不願分離，竟把四肢都纏繞在了一起。

等稍長些時，這對兄弟同時學會了走路和講話，並且喜歡著相同的科目。再後來，他們發現，他們能知道彼此心裡在想什麼。

1995年1月，里克從休士頓國際機場起飛，前往非洲安哥拉的一家石油公司審核帳目。在安哥拉起初的幾天都很平靜。但5月31日凌晨4點鐘時，里克突然被腹部劇烈的疼痛驚醒。

里克說當時劇烈的疼痛導致全身麻痹。4個小時過後，疼痛逐漸消失。稍後，醫生為里克做了全身檢查，但並未發現身體有任何異常跡象。

不過壞消息卻在當天夜裡降臨了。里克的雙胞胎哥哥羅恩，於前一天夜裡被殺。驗屍報告和119的電話記錄都顯示羅恩的死亡時間是中部時間晚上10時30分，正是里克夜裡因腹部疼痛驚醒的時間。里克相信他感應到的巨大疼痛，一定和哥哥被殺時感受到的一樣，這種刻骨銘心的疼痛讓他牢記一生。

全世界雙胞胎平均出生率為1：89，雙胞胎一般可分為同卵雙胞胎和異卵雙胞胎兩類。同卵雙胞胎是指兩個胎兒由一個受精卵發育而成，這樣的雙胞胎一定是性別相同，外貌極為相似，在性格愛好方面也非常相近。全球每250個新生兒中就會出現1對同卵雙胞胎，即同卵雙胞胎的出生率大約為1：125。由於基因的接近和生活環境的相同，同卵雙胞胎會呈現出很多的相似之處。

在英國的約克郡有這樣一對雙胞胎，她們的外貌、性格、思維、行為方式和愛好都完全相同。她們總是異口同聲地表達感情，而且聲調都一樣，甚至她們說話打手勢時手所指的方向也是一致的。兩人走路的時候，手和腳的動作也完全相同。

與同卵雙胞胎不同，異卵雙胞胎是由不同的受精卵發育而成的，他們的相似程度與其他非雙生的兄弟姐妹一樣，因為他們只擁有50%的相同基因。

一些研究者把「心靈感應」定義為排除借助所有已知的、可能的物質傳遞方式而出現的心靈資訊傳遞現象。如果說雙胞胎的心靈感應僅僅是一種巧合，那麼這種巧合的機率也太大了。但是到目前為止，還沒有科學的證據證明「心靈感應」現象的存在。

愛滋病毒是從哪裡來的

愛滋病病毒被發現後，
人們以為就像抗生素和牛痘疫苗的發明一樣，
人類可以很快找到對付這種病毒的有效藥物，
從而阻止它的蔓延。然而，四分之一個世紀過去了，
人類仍然沒有看到完全戰勝愛滋病病魔的希望。

愛滋病是目前全人類面臨的最大「公敵」之一。截至愛滋病病毒發現的25周年紀念日，全球已有2500萬人被愛滋病奪去，死亡人數超過第一次世界大戰，目前愛滋病病毒感染者尚有3300萬人，並且還在不斷增加。這種讓人聞之喪膽的病毒，究竟來自哪裡？難倒人類拿他一點辦法都沒有？只能被降服在它的魔掌之下？

1999年發表在英國《自然》雜誌上一篇名為《從黑猩猩到大流行》的文章表明，愛滋病病毒並非是一種新病毒，而是一種動物傳染病。這是從一種不發生任何症狀的宿主動物轉移到人類從而導致危險的病毒。

雖然科學家很早就知道靈長猴類攜帶有它們基因的愛滋病毒，它們身上的愛滋病毒為SIV，但除了一個例外情況之外，人們只是在保護區內的大猩猩身上發現了這種病毒，尤其是在西非的一種大猩猩種群裡。人們過去不知道這種病毒在野外生存的猩猩身上的分佈情況，也不知道它是否存在基因或地域上的多樣性，這使人們很難確定病毒是如何從動物身上傳至人類的。

已知的首位感染HIV病毒的是一名來自剛果金夏沙的男子。人們猜測，生活在喀麥隆鄉村的人被大猩猩咬傷或者在屠宰大猩猩時感染了病毒，這個人隨後又將病毒傳給了別人。由於薩納加河長期以來是一條重要的商業水路，這種病毒最終被傳播至城市地區，它在那裡得到了快速的傳播。

病毒在傳播時變得更具有殺傷力。於是美聯社報導，科學家已證實導致愛滋病的HIV病毒事實上是起源於喀麥隆的黑猩猩。然而，為什麼動物感染上了愛滋病病毒卻沒有生病？要回答這樣那樣的問題，在愛滋病流行的背景條件下極具重要意義。但這個問題並非透過對人工飼養的動物做試驗就能回答，因為它們從未在野生環境裡生活過，在這樣的動物身上長達數千年的與病毒共存現象也許中斷了。

如果愛滋病毒真的是一種動物傳染病，動物可能是病毒的傳播者。那麼人類真的應當對動物保持一定的距離，尤其是對那些與人類親緣關係相近的動物。

愛滋病毒的源頭似乎是找到了，然而找到了病源就能找到解決的辦法嗎？

20世紀90年代中期，「雞尾酒療法」的出現令愛滋病從一種判了死刑的疾病變成可以控制的疾病。然而，由於HIV病毒堪稱人類迄今為止所遇到的最狡猾的病原體，它經常發生變異。直到今天，科學家還沒有研製出愛滋病疫苗，而醫學界在研製殺菌劑方面的努力同樣遭到挫敗，以至於人類對付HIV病毒的主要方法還是停留在19世紀發明的保險套。雖然聯合國的千年發展目標也致力於實現對抗愛滋病的政治承諾，每年傾注幾百億美元到愛滋病的預防和抗愛滋病藥物的研發中。

但是，國際愛滋病協會的創立者、瑞典微生物學家拉斯·卡靈斯對未來並不樂觀：「HIV病毒和愛滋病或許永遠不會在人類中消失。」難道人類要永遠生活在愛滋病陰影的籠罩之下？

夢遊者是醒還是睡

我們有時會聽到這樣一種說法：
如果看到一個人在夢遊，千萬不要去叫醒他，
因為如果把他叫醒的話他可能會突然死掉。

事實真的如此嗎？有專家認為，夢遊症只是各種睡眠紊亂症狀中的一種。對於大部分人來說，在夢遊過程中所做的都是些平常的舉動，比如起身坐在床上、在房間裡走動，或是自己穿衣服、脫衣服等等。那麼對於少部分人呢？

有這樣一則報導：某醫學院發現解剖室裡許多屍體的鼻子都不翼而飛了，這究竟是怎麼回事？該不會是鬧鬼了吧！經過周密調查，真相大白。原來是該校的一名有夢遊症的學生，常常在夜間起床，去解剖室咬食屍體的鼻子，然後回到宿舍躺下睡覺。

夢遊真的很恐怖，幸虧吃的是屍體，如果吃的是活生生的人呢？

夢遊的恐怖不僅如此，有的夢遊時間竟然長得讓人無法

相信。法國有一位名叫雍・阿里奧的夢遊症患者，一次夢遊竟長達20年之久。一天晚上，他熟睡之後突然爬起來，離開妻子和5歲的女兒，來到了英國倫敦。他在那裡找到了工作，又娶了一個妻子，並生了一個兒子。20多年後的一個晚上，他一下子恍然大悟，便急匆匆地返回法國。第二天早晨，阿里奧一覺醒來了。他的法國妻子看到了白髮蒼蒼、失蹤20多年的丈夫，便悲喜交集的問道：「親愛的，你逃到哪裡去了？20多年來音訊全無。」可是，阿里奧卻伸了伸懶腰，若無其事的說：「別開玩笑了！昨天晚上我不是睡得好好的嗎？」

據統計，有17％的孩子有過至少一次夢遊經歷。其中，在11歲和12歲的孩子中夢遊的人數最多。進入青春期後，夢遊的人數開始逐漸下降。在成年人中，發生夢遊的人數很少，只有2.5％的成人會進行夢遊。

是什麼原因造成的夢遊呢？目前，有兩種觀點：

一是，佛洛依德的精神分析。夢遊患者總有一些痛苦的經歷，因此他認為夢遊是一種潛意識壓抑的情緒在適當的時機發作的表現。當本我力量積聚到一定程度時，它們衝破了自我的警戒。面對來勢洶湧的本我力量，自我只好逃避不管，有些個別的自我還被抓來作助手，因為人的言行都是自我的職責。當本我胡鬧了一會兒以後，能量消耗了不少，自我立即把本我趕回了牢籠。為了逃避超我的懲罰，自我隱情不報，結果夢遊者醒來以後便會對剛才發生過的事一無所知。雖然從邏輯上講是言之有理的，但是卻解釋得近乎於天方夜譚。

另外就是催眠理論。邁斯麥創立催眠術時，就發現被催眠者往往會出現夢遊症狀。催眠的原理是在大腦中樞根據言語暗示產生一個興奮中心，同時抑制其他部位的活動。夢遊也是一樣。夢遊狀態很可能就是催眠可導致的最深狀態。如果催眠師將被催眠者誘導入夢遊狀態以後，命令被催眠者做一些日常事務，被催眠者可以像正常狀態下那樣完成得很好。

伯漢姆魯做過一個催眠後暗示實驗，以證明催眠後暗示可使人體會到與現實一樣逼真的幻覺。這個實驗是這樣進行的：

我給一位聰明、敏感，但一點也不歇斯底里的婦女進行催眠，我給了她一個很複雜的催眠後暗示，使她的所有的感官都能參與其中。我暗示她在醫院的庭院裡聽到軍樂聲，士兵們走上樓來進入房間......。一個樂師醉醺醺的上來胡說八道，還想擁抱她，她給了他兩記耳光，還呼喊護士與護理長，很快護士趕到轟走了醉漢。這上面的情景都是在催眠中描述給被催眠者聽的。結果，她醒來後，生動地感受到了上述的一幕幕場景。她以前從未有過同樣的幻覺，現在她怎麼也無法擺脫這種幻覺。她左右回顧，問其他病人是否看到了剛才發生的一切。她無法分辨現實與幻覺。當這一切都結束的時候，我告訴她：「這僅僅是我暗示你的幻覺。」她方才相信剛才的一幕確實是幻覺，但她堅持認為這幾乎與現實一樣，比夢境要逼真得多。

患者從催眠狀態醒來以後，將催眠過程中所發生的一切全忘記了。過了不久，因為受催眠後暗示作用，他體會到了逼真的幻覺。這個實驗提供了解釋夢遊症的一個模式：正如被催眠者一樣，夢遊者不過是將預先設計好的劇本進行一次幻覺式的排演。當然，這種解釋只是一種近似的比喻。

美國明尼蘇達州睡眠障礙研究中心的卡洛斯・申克則表示：「在夢遊時，人處在一種半夢半醒的狀態。」同時幾乎不會做夢。那麼，夢遊所做之事，是誰的責任？

人體衰老之謎

自古及今，很多人都在尋找長生不老之藥，
但是，所有的嘗試都成了黃粱一夢。

人們總希望能夠延緩衰老，延年益壽。但儘管人們一再努力，人類的平均壽命也只是由2000多年前的45歲提高到了74歲。迄今為止人類壽命最高者是英國人弗姆・卡恩，活了200歲。科學家指出，人類的自然壽命應該是100至150歲。目前人類的實際壽命顯然與此相差甚遠。

為什麼人的壽命有長有短？人類為什麼會衰老呢？

多少年來，科學家們對於人體衰老的原因進行了不懈的探究，目前的研究成果主要有以下幾點：

一、對「daf－2」基因進行干預

線蟲是一種長約1毫米、全身透明、生命週期短、容易培養的生物，發育生物學家非常喜歡以線蟲為模式進行研究。

美國加州大學三藩市分校的塞西亞・肯約教授及其同事在不造成明顯生理副作用的情況下，成功地使線蟲的壽命延長了兩倍。而延長壽命的關鍵，是在線蟲某個適當的生命週期中調控一個名為「daf－2」的基因。

「daf－2」基因線蟲成長的不同階段扮演著不同的角色。線蟲發育階段，「daf－2」基因控制其生育能力，進入成年期後「daf－2」基因轉變為控制壽命的衰老基因。

在果蠅和老鼠中，科學家們也發現了「daf－2」基因。因此，科學家認為，人類也可能存在「daf－2」基因。如果用類似的方法對人體中的「daf－2」基因進行干預，便可以安全地延長人類的壽命。

二、突破細胞分裂的極限，進而延緩衰老

美國科學家研究發現，人體細胞從胚胎開始分裂，連續分裂50代便全部衰老死亡，人的生命也就此了結，而癌細胞分裂了上千次，仍然生機勃勃。

這是因為正常細胞與細胞之間連接緊密，基本上不與外界進行資訊交換，而癌細胞則不受什麼約束，它與病毒或其他物質之間發生遺傳訊息交換，從而使癌細胞生生不息。有位科學家將哺乳動物的神經細胞核移植到去掉核的金魚卵中，發現神經細胞核經過100次分裂也沒有衰老的徵兆。這如果在人身上得以實現，延緩衰老便可成為現實。

三、細胞老化是由於細胞中產生了導致老化的物質

美國洛克菲勒大學的細胞生物學家尤金尼亞從人體結締組織細胞中分離出一種特殊的蛋白質，這種蛋白質只是在老化的、停止分裂的細胞中才有，而在年輕的細胞中不存在。她認為，這種蛋白質就是細胞老化的產物。也許正是這些老化的物質最終「殺」死了細胞。如能找到清除老化物質的方法，人類就能大大延緩衰老的進程。

四、從植物中提取一種能消除動物體內自由基因的物質

人類由於受到各種輻射線的照射，服用化學藥劑，以及食物中含鐵量過多等因素，體內會積累有害的自由原子基因。這種自由基因是導致人體衰老的罪魁禍首。美國路易斯維爾大學的生物學家從植物中提取出一種能消除動物體內自由基因的物質，用它去餵蚊子，使1200隻蚊子的平均壽命從29天延長到了45天。據此，將來只要能把這種物質注射到人的體內，即能消除體內的自由基，從而延長生命。

五、人體老化的關鍵步驟發生在大腦之中

前蘇聯科學院動物進化形態和生態研究所透過用小白鼠進行試驗，證實了大腦對身體的生理過程產生直接影響的理論，移植的神經細胞得到恢復，即可加速細胞的生長。以上實驗說明，免疫系統的功能是直接依靠大腦的。據推測，人

有可能學會有目的地支配自己的健康甚至加強意志。為此，該研究所指出：如果從遺傳角度說人可活到大約200歲的話，只要對人腦做一次不太複雜的手術，這個年齡極限還可以往後最少延緩100年，即可活到300歲。

六、日本醫學研究小組發現了決定生物壽命的蛋白質

該小組培育出了長命系（壽命52天）和短命系（最長壽命35天）兩個系列的純系黃果蠅，找出它們的差別。結果發現，有一種長壽蛋白質在長命系的果蠅中大量存在，而在短命系果蠅中極少。

這種蛋白質的分子量為76600。試驗顯示，如果將少量的蛋白質摻入果蠅的食物中讓其進食，短命系的果蠅壽命能延長到41天，而長命系的則延長至61天。而且，即使死亡前餵食這種蛋白質，也能達到延長壽命的效果。

同時，該小組還研製出一種對抗長壽蛋白質的抗體。結果確認，老鼠和人的胎兒中，早期也有與抗體起反應的蛋白質。將來如果能弄清這種蛋白質的機制，研究長生不老藥的夢想將可能變成真實。

這些研究從不同角度為人們在新的世紀裡，全面的為揭示衰老之謎奠定了很好的基礎，但短期內青春依然喚不回。

恐怖的夢中啟示

人的夢境，竟成為現實的預言。

你相信嗎？

夢對任何人來說都不會感到陌生，但是人類對夢的認識，自始自終都是很茫然。

常聽到很多人說：「昨晚讓夢魇嚇著了，沒有睡好覺。」彷彿有一種不可知的力量在壓迫著你，使你無法呼吸暢通。雖然想要擺脫這種夢魘，但卻無法睜開眼睛，無法動彈。直到人們感覺再也無法忍受時，才會睜開雙眼，擺脫困境。

夢囈是可怕的，而睡夢給人的啟示往往更恐怖，它就像預言一樣，讓人感覺不可思議。在林肯死前兩三天，他曾向朋友們講了一個惡夢，說他在夢中聽到許多人的哭泣聲，於是便從房間裡走出來查看。他看到一個躺著屍體的單架，一群人圍在那裡哭泣。他問一名士兵：「白宮裡誰死啦？」士兵回答：「總統被暗殺了！」果然，1865年4月4日，林肯被暗殺身亡。

林肯的夢竟然變成了現實的預言，這只是日有所思夜有所夢，還是上帝給人的預警。

1893年8月29日，美國《環球》報社記者薩姆遜工作完畢後，在編輯室的長沙發上昏昏入睡了。7個小時後他醒來時，夢中的情景仍歷歷在目。他立即伏案疾書，把夢中的景象詳細地記錄下來：加瓦島附近的一個島嶼發生了猛烈的火山噴發，滾滾的熔岩流和泥石流把驚恐的人群沖進大海……薩姆遜寫完後，隨手又寫了「重要」兩字，便離開報社。

次日，社長上班時，在薩姆遜辦公桌上看見了這張紙，以為是昨夜接收的電訊稿，立即作為緊急消息發向各地。幾十家大報在頭版刊登了這條新聞。由於新聞失實，引起社會譁然，薩姆遜被解雇了。

然而幾天後，克拉卡脫火山果真爆發了，薩姆遜的夢境竟成了現實！這是偶然的巧合嗎？根據概率計算，這種巧合的可能性極小，完全可以忽略不計。然而，如果不是巧合的話，那又怎麼解釋呢？

心理學家烏爾曼指出，夢的創造性表現在四個方面：

第一、夢能使人構想出新的事物。

第二、夢能把分散的表像組成一種新形式。

第三、夢能使做夢者聯想到事物的實質。

第四、夢的創造性做夢者感覺到一種不自覺的經驗反映。

有些夢對現實中的人會提供幫助並拯救生命。在波蘭的捷爾那克曾發生一件使人難以置信的事：少女梅娜與青年斯塔尼勞相愛，由於第一次世界大戰的爆發，斯塔尼勞當兵離開了他的愛人，從此，梅娜夢魂索繞，經常夢見他的朋友。

戰爭結束前一個月，梅娜夢見斯塔尼勞身陷黑暗之中，四周被巨大的石塊堵住，他多次試圖推開巨大的石頭，無奈他做不到。起初，夢沒有引起她注意，可是夢不斷地重複著，而且都是相同的夢境。

到了第二年夏天，夢有所改變，她看到了山上的城堡，城堡崩塌了一大片，許多巨大的石頭堆在倒塌的缺口之處，她聽到了斯塔尼勞的呼救聲，接連幾個晚上她都做著相同的夢，並且夢境總是在相同的地方。她把夢講給母親和鄉鄰們聽，但人們不重視這件事，因為一個少女的夢對於他們來說是無足輕重的。

夢仍然不斷的繼續著，終有有一天，梅娜不能忍受了，她必須找到夢中的城堡才能使自己的心靈得到寧靜，她踏上了尋找城堡的路，然而，要想在眾多的舊城堡中發現在夢中多次看見的那座城堡實非易事。

1920年4月的一天，梅娜來到熱富台的一個小村莊外，眼前出現了兀立在山頂的城堡，她激動地用手指著城堡高喊：「天哪！終於找到了，這就是我在夢中無數次見到過的！」村民們看著這個少女，只是感到驚奇，梅娜來到城堡倒塌的地方，好奇的村民尾隨在後，她請了幾個男人搬開堆著的石塊，人們覺得好笑，但仍然幫助了她，只不過覺得她的夢是沒有什麼意義。

第一天什麼也沒有發現，兩天以後，人們聽到石塊下面有男人的聲音傳出來，梅娜興奮極了，這正是斯塔尼勞的聲音，原來他在戰爭期間以此城堡為躲藏地，可是被敵方炮火擊中，城牆的石塊堵住了他的出路，這樣，他靠著城堡中的食物在裡面待了兩年，直到梅娜來解救他。

是什麼原因促使梅娜接連不斷地做了這樣的夢？她是如何知道從未見過的城堡的？而且她又是怎麼熟識城堡的每一處的？這些都讓人感到非常奇妙、難解。

現代科學家對夢進行了深入的研究，揭示了夢具有聯想、構思、啟發、創造等功能。還有一些科學家對夢的另一種可能來源——傳感資訊，進行了認真的探索，這種探索可能對一些同時性的夢中啟示做出解釋，但對於預見性的夢中啟示毫無說服力。夢為什麼能產生超越時空的預言？至今人們還無法做出合理的解釋。

催眠術之謎

一塊懷錶在人的眼前晃來晃去，
人就像睡著了一樣，
按照催眠師的指令行動。

相信只要聽說過催眠術的人，都會對催眠術亦正亦邪的神奇力量驚訝不已。自20世紀50年代以來，醫學領域就開始使用催眠止疼，近年來催眠術則用於治療焦慮症、抑鬱症、精神創傷、過敏性腸胃綜合症以及飲食失調。然而催眠術就如一把雙刃劍，可以為人造福，也可能危害人間。

德國警署梅爾醫師的醫學報告記錄了這樣一個案例：1934年，一個名叫法藍資・瓦特的男子將一位已婚婦女催眠後，不但與她發生性關係，還命令她去當妓女，賺來的錢都交給他，而且還指示她從銀行裡提出三千馬克的存款給他。直到又一次，瓦特下指令要她謀殺自己的丈夫時，她的丈夫起疑而向警方報案。

梅爾醫師參與這宗案件的調查後，發現瓦特利用催眠術來控制她。雖然瓦特曾經下指令，要她不管在任何狀況下都不可洩漏他的身分，但是梅爾醫師順利破解了他複雜的指令系統，讓她完全說出真相。瓦特後來被判十年的徒刑。

雖然瓦特最後得到了應有的報應，但是他所運用的催眠術，卻讓人忐忑不安。

催眠術到底是怎麼回事？根據科學家的解釋，催眠是以人為誘導（如放鬆、單調刺激、集中注意、想像等）引起的一種特殊的類似睡眠又非睡眠的意識恍惚心理狀態。其特點是被催眠者自主判斷、自主意願行動減弱或喪失，感覺、知覺發生歪曲或喪失。在催眠過程中，被催眠者遵從催眠師的暗示或指示，並做出反應。

催眠術起源於18世紀，最初帶有欺騙性質。當時，德國醫生弗朗茨·梅斯梅爾博士發明了一種神奇的療法，可以治癒各種無法解釋的怪病。在昏暗的燈光和玻璃碗演奏的虛無縹緲的音樂中，他向病人灌輸一種只有他可以控制的看不見的「催眠氣流」。這樣經過催眠之後，病人就會痊癒了。

歷史學家說，儘管最終證明梅斯梅爾博士所言並非全部屬實，然而他是第一個發現思想可以被暗示控制而影響身體的人。英國眼科醫生詹姆斯·布萊德博士根據希臘語的「睡眠」一詞發明了英文單字「催眠」。

根據當時的記錄，布萊德透過用眼睛死死盯住別人的方法讓他們進入昏睡狀態。在那以後，催眠術士、迷信的人和魔術師也學會了這個方法。他們用搖擺的手錶把觀眾中的人引入催眠的狀態，讓他們跳舞、唱歌或者假裝自己是另外一個人。直到觀眾鼓掌和大笑，被催眠的人才會醒過來。

有人認為，催眠術打開了通向潛意識的大門；還有人認為，催眠狀態是非睡非醒的心理邊緣狀態；有的人乾脆稱之為偽科學。但有一點是不容置疑的：人處在催眠狀態下最容易接受暗示，可以讓他做出一些改變，因為那個時候，大腦甚至身子開始身不由己。

不久前，美國斯坦福大學研究催眠臨床運用的精神病專家大衛・施皮格爾博士，根據大腦最新研究成果解釋了催眠術的實質。數十年的研究表明，只有10％至15％成人極易接受催眠。而在12歲以前，人的大腦資訊傳遞途徑還未成熟前，80％至85％的兒童極易接受催眠。施皮格爾博士說，1/5的成人對催眠有抵抗力，其餘的介於兩者之間。

近年來許多關於大腦成像的研究也反映了相似的機制，即在暗示影響下存在自上而下的大腦運行。哈佛大學神經學家斯蒂芬・柯斯林博士說，大腦自上而下的處理程序控制了感覺資訊，或稱自下而上的資訊。人們認為，對外部世界的所見所聞所感構建了現實。柯斯林博士說，其實大腦是根據過去的經驗構建它所感知的事物。多數情況下，自下而上的資訊與自上而下的預期相符。但催眠卻讓二者發生了錯位。

然而催眠究竟是為了服從催眠師，還是精神高度集中、陷入沉思，以至忘了周圍環境的一種自然狀態？留給人的仍然是一個謎團。

另外，雖然作為催眠師的職業操守，他不能下指令要被催眠者去做違反個人意願、違背道德良知的事情。實際上，卻沒有人能夠保證每個懂催眠的人都如此誠善、自律、恪遵專業倫理。而且，催眠術博大精深，不斷有人開發出各種複雜的技巧，如果有人蓄意運用催眠術來造惡，又如何是好呢？

死亡之旅

每個人都會死去，
你知道死亡的感覺嗎？
你知道死亡之旅的景色嗎？

奇幻的死亡「幻覺」

想一下，人死了會有什麼感覺呢？

一個人在臨死前的一瞬間會想到什麼？腦海裡會出現什麼影像？又有哪些感受……這些問題似乎無法回答。70年代中期，美國著名醫學家雷蒙德・摩迪採訪了數十名死而復生的人，得到了有關瀕死經驗的大量資料。他根據那些「復活者」形形色色體驗的驚人相似或相近之處，對人的死亡作了一番描述：

他奄奄一息。當他進入極度痛苦時，聽到醫生宣佈死亡的話音。一陣刺耳的噪音傳來，像是鈴聲噹噹在響，或像是飛蟲嗡嗡在叫，他覺得自己正在飛快地穿過一條長長的黑暗隧道。他忽然發現遠處有自己的身影，他的「軀體」猶存，但已不是生前的那個了。不一會，他見到了已故親友——他們的「靈魂」。一道神祕之光出現在他面前，他們給他看全景「錄影」，他一生中的重大事件一一在他眼前閃過。他感到自己走到了塵世與「天國」的邊界線上，他認為自己應當回到人間，還未到死亡的時刻。然而，他已沉湎於生命之後的舒適與安逸，真不願回來了。不知怎麼的，他覺得自己的靈魂又回到了自己的軀體上……

這種死亡體驗，與中國廣為流傳的人死後靈魂離開人的軀殼，到另一個世界與早已死去的親人團聚的說法，是這樣的相似！這是那些「復活者」精心編造的故事嗎？不是。大多數科學家認為，死亡體驗是一個人在彌留之際的幻覺或幻變，是大腦細胞在人的心跳、呼吸停止後延喘工作的結果。

那麼，奇異的幻覺又是怎樣產生的呢？許多醫學家認為，是人臨死前急救藥物中的致幻物質引起的，或者是有的人長期用藥造成的。藥物所導致的幻覺會使人產生脫離軀體的感覺，彷彿自身與現實世界分離了。當人恢復知覺後，腦海裡留下的就是幻覺影像或生動的死亡之夢。然而，有些人臨

「死」前並未用過任何藥物，也無吸毒習慣，但卻同樣產生了類似的幻覺。於是有的科學家又提出，瀕死時大腦缺氧，人體處於嚴重的緊張狀態，幻覺現象正是垂死大腦最後工作失常的反映。可是某些瀕死現象發生時並沒有出現生理上的緊張狀態。

因此，人們又從神經學的角度提出，垂死者的神經系統因發生故障而失常，因而腦海中閃現出異常生動的幻像或具有時間扭曲感。

科學家還從心理學和夢幻的角度對死亡體驗進行實驗研究，如利用實驗室對志願受試者進行合理研究。結果表明，在這種「與世隔絕」的情況下，一個人會產生許多異常的心理現象，因而會出現各種各樣的幻覺或夢幻。死而復生者的瀕死體驗也與此相似，重返人世後他們懷有轉世投生感，在個性上與以前判若兩人。

科學家從心理學的角度提出：死亡體驗是一個人在彌留之際的主觀體驗，這種體驗受到個人死亡心理的左右，因而產生各種各樣的幻覺或夢幻。這個觀點似乎比較合理。然而，要真正瞭解人的死亡體驗，揭示產生死亡體驗的原因，恐怕不是那麼容易的，畢竟這是和死神打交道的事，有誰敢冒險呢？

恐懼而神奇的地獄之旅

死亡臨近的時候是什麼感覺？

每個人死亡的時候感覺是一樣嗎？

活著的人無法說出死亡的感覺，但是有許多瀕死經歷的人，卻是實實在在地經歷了死亡。

「我感到自己飛在天花板上，飄飄蕩蕩，有一個軀體（我的）躺在病床上。我清楚地感受到了它的脈搏和呼吸。」這是一位精神病學專家對他的同行講述的一次親歷離體體驗。「我對此確實感到特別驚訝！」

人瀕死時在對生活歷程進行回顧，近半數的人會產生意識從自身分離出去的感受，覺得自身形象脫離了自己的軀體，游離到空中。自己的身體分為兩個，一個躺在床上，那只是空殼，而另一個是自己的身形，它比空氣還輕，晃晃悠悠飄在空中，感到無比舒適；約三分之一的人有自身正在透過坑道或隧道樣空間的奇特感受，有時還伴有一些奇怪的嘈雜聲和被牽拉或被擠壓的感覺；還有約四分之一的人體驗到他們

「遇見」非真實存在的人或靈魂現象，這種非真實存在的人多為過世的親人，或者是在世的熟人等，貌似與他們團聚。

著名哲學家和醫學博士雷蒙德・穆迪發表了一本名為《生命後的生命》的書，它轟動了西方。在這本書中，穆迪把這種現象定名為「瀕死體驗」。他認為，瀕死體驗是人在彌留之際因為恐懼死亡而產生的一種現代科學尚未發掘的奇特現象。

瀕死體驗的理論在科學研究史上具有極其重要的現實和深遠意義，它向現代科學家們提出了如下的挑戰：記憶究竟是什麼？意識又究竟是什麼？人能夠記憶自己誕生的經歷嗎？人在臨死的時候想些什麼？人在臨床死亡後還會有記憶嗎？身軀究竟是什麼？為什麼細胞不斷變化，而人的臉龐卻能保持它的形狀？人體中的氣是什麼？現實又是什麼？

心理社會學家肯尼斯・賴因格將臨床死亡後經過搶救又死而復生的人敘述的這種奇特的瀕死體驗基本歸納為五大階段。

第一階段，安詳和輕鬆。持這種說法的人約占57%，他們大多數在生理和心理上具有較強的適應力。他們覺得自己在隨風慢慢地飄揚，當飄浮到一片黑暗中時，感到極度的平靜，安詳和輕鬆。

第二階段，意識飄出體外。有這種意識的人占35%，他們大多數覺得自己的意識游離到了天花板上，半空中。許多人還覺得自己的身體形象脫離了自己的軀體，在遠處極其冷漠地觀察著醫生們在自己軀體周圍忙碌著。這種軀體外的身體形象具有呼吸、脈搏等生命特徵；而且，這種自身形象有時還會返回軀體。

第三階段，透過黑洞。持這種說法的人占23%，他們覺得自己被一股旋風吸到了一個巨大的黑洞口，並且在黑洞裡飛速地向前衝去。而且覺得自己的身體被牽拉，擠壓，洞裡不時出現嘈雜的音響。這時，他們的心情更加平靜。

第四階段，與親朋好友歡聚。黑洞盡頭隱隱約約閃爍著一束光線，當他們接近這束光線時，覺得它給予自己一種純潔的愛情。親朋好友們都在洞口迎接自己，他們有的是活人，有的早已去世。唯一相同的是他們全都形象高大，絢麗多彩，光環縈繞。這時，自己一生中的重大經歷在眼前一幕一幕地飛馳而過，其中大多數是令人愉快的重要事件。

第五階段，與宇宙合而為一。持這種說法的人占10%，他們與那束光線融為一體，剎那間，覺得自己猶如與宇宙融合在一起，同時得到了一種最完美的愛情，並且自以為掌握了整個宇宙的奧祕。還有一些科學家對有過瀕死體驗的倖存者進行了調查，發現除了這五大階段的瀕死體驗外，還有醒悟感、與世隔絕感、時間停止感、太陽熄滅感、被外力控制感、被「閻王審判」感、升天成仙感等等。

從80年代初期開始，許多科學家們就分別對五大階段進行仔細的研究，他們發現自殺未遂者的瀕死經驗總是局限在第一階段。心理學家肯尼斯則發現，經歷過第一至第四階段的瀕死經驗者往往普遍消除了對死亡的恐懼。而經歷過第五階段的瀕死經驗都會在身體、智慧和精神三方面出現巨大的三重變化，他們會猶如重新轉胎投世，變成了「超人」。

轟動美國的湯姆事故是典型的例子。湯姆居住在紐約安大略湖邊的羅切斯特。這位身材矮胖的漢子年方30，有兩個女兒。他是一位機械修配工，在與自己家毗鄰的工廠裡工作。一天下午，索耶正滿身油污地躺在小型載重卡車下修車。突然，千斤頂鬆脫，3噸重的卡車壓在他的腹部上，索耶發出一陣撕人心肺的慘叫。

正在花園裡玩耍的女兒跑了過來，只見父親已經被壓住。然而，索耶的雙眼還睜著，他的神志依舊清醒，他示意女兒快去求救。不一會兒，消防隊員趕來。他們將一隻抓斗放在小卡車下的底盤兩邊，慢慢啟動絞盤。當3噸重卡車從索耶的胸腹部移開時，他已失去了知覺，接著呼吸停止。救護車剛開動，他的心臟也停止了跳動。在醫院，醫護人員立即通力搶救索耶。

把索耶從卡車底盤下搶救出來的過程持續了10分鐘，然而，對於索耶來說，這是極端痛苦的10分鐘，因為，他的意識始終是清醒的。事後，湯姆對人說：「當時，我感到猶如一根滾燙的鐵杠在研磨自己的胸廓和腹部，似乎要將這一切磨碎。我猶如在遭受極刑。」

後來，湯姆堅強地站立起來，他描述起自己的瀕死經驗。當消防隊員將他從卡車下抱出來時，索耶已經停止呼吸；與此同時，索耶驀地感覺到一種從未有過的安寧和輕鬆。他覺得自己的軀體一分為二，一半在消防隊員的手上，不過，那只是個空的軀殼；而另一半是真正的身形，它比空氣還要輕，晃晃悠悠地飄落到一張床墊上，他感到無比舒適。突然，索耶看到了消防隊員們出現在工廠裡，自己的另一個軀體正躺在擔架上，血從嘴裡噴湧而出，滿地的油污也變得通紅。

很快，救護車在街道上急速倒車，一群人手忙腳亂的將擔架送上了車。兩個女兒在哭天叫地，臉色蒼白的鄰居拉住了她們。路邊擠滿了圍觀的人，他們的神情有震驚、恐懼、悲戚、漠然……起初，索耶覺得自己是在離地面3米左右的距離觀看，隨即上升到4米、5米、10米、100米……接著，索耶看到載著自己軀體的救護車在高速公路上飛馳而去。

這時，索耶發現眼前的景象消失，自己被推進了一個黑洞中，心緒依舊保持著無限的安寧。漸漸地，某種力量越來越強烈地拖著他向前而去，而且不時被擠壓，不時碰到洞壁上。他問自己：「我還活著嗎？」接著，他又肯定地意識到，自己死了。

突然，前方出現了一絲光線，它先是猶如天際中的一顆星星，瞬間，又變成一輪黎明時的太陽，飛快上升，不一會就成了一個巨大的圓球。光芒四射的陽光並沒有令他感到眩目耀眼，相反，眼望著這輪紅日，他感到無與倫比的快樂。他越是朝金色的陽光接近，對宇宙的認識就越加深刻。

就在這時，一個似乎被深深埋沒的愛情記憶驀地出現在他的腦海裡，並且漸漸地照亮了他的意識域。這是一種美妙的記憶。他醒悟到，這奇特的光線本身就是由愛情組成的，但他沒有陶醉在這種愛情中。

他覺得自己一生中從未如此的集中和專注，而且，越是接近光線，這種感覺就越強烈。忽然，洞口出現了他那已經過世的父母親，他們身材高大，渾身放射出彩色光芒，頭頂上環繞一束光輪。他們笑吟吟地朝他走來，轉眼間，他的腦海裡出現了一幕幕重大的生活經歷，如生日盛典，初中畢業典禮，訂婚儀式，甜蜜的婚禮……

最後，他與光線融合在一起，他感覺到了一種無以形容的心醉神迷。他似乎與宇宙合為一體，許多美妙的景色在他的眼前閃過，他清醒地意識到，自己就是這些美景，就是飛逝的森林、高山、河流、天際、銀河……宇宙的一切奧祕全部展現在他的面前。

如今，湯姆已不再是原來的湯姆，他的身體、智慧和精神等三方面都已經發生了巨大的變化，其中突出的表現是他陡然狂熱迷戀上了物理學，尤其是量子力學。幾年後，毫無物理學基礎的索耶在大學裡獲得了物理學士學位。

他對記者說：「在那次事故發生以後，我在與神祕光線融合的瞬間，就忽然意識到自己已經掌握了物理學的全部知識。在大學裡，只不過是將這些知識一段一段地從記憶中追回來。」

「瀕死體驗」的五大階段論給死亡罩上了神祕的色彩，成了千百萬人夢寐以求的嚮往。他們認為，如果能夠因此變成超人，自己也就成了萬能的上帝。現在，西方科學家們紛紛試圖從科學的不同角度對瀕死經驗進行探索，以試圖解開瀕死經驗之謎。然而到目為止一切都還是茫然的。

前生與今世

如果真的有來世，

你會在今生做什麼呢？

每一個人的一生中恐怕都會有一次碰到似曾相識的奇怪感覺。在看什麼東西的時候，會突然意識到：這事有一次曾經發生過，我曾經到過那裡，做過這件事，聽過這樣的話，當時也是這樣的燈光……難道真的存在今生與來世？

從古希臘以來，在編年史、年代記以及哲學和文學著作中，已經記錄有一千多個故事，都說是有人突然覺得自己變成了另外一個人，或到了另外一個時代，而且他們還經常援引不少連自己也不知道的細節。因為這事根本就沒發生過，但是他們發現並描寫這種奇怪的現象。1900年法國醫生弗朗倫斯・阿爾諾還為它取了記憶錯覺這個名字。他還斷定，這種現象不僅存在於視覺中，還會以聽覺錯覺、閱讀錯覺和體驗錯覺等形式出現。

大部分記憶錯覺的表現形式都離奇得叫人難以置信，根本無法解釋。比如說，有人相信預兆吉凶的夢，按迷信的人的說法，這是他們的靈魂在定期回到過去「出差」，於是看到和體驗到了一切。而等過幾天甚至幾年之後，當夢得到了應驗，他們會驚訝地「認出」陌生的境況。預見就這樣變成了回憶。另一些人則把這些歸咎於在強烈情緒作用下產生的世代相傳的「先祖記憶」。對贊同輪迴轉世理論的人來說，記憶錯覺還是他們有過前世的一個證據。

相信輪迴轉世理論的人很多，這裡面還包括一些科學家和哲學家。比如說，畢達哥拉斯認為他的前世有可能是個牧人。西爾維斯特・斯塔洛涅認定自己的前世是一個遊牧部落的監督哨。吉阿努・利夫茲呢，依她所說，她前世曾是曼谷大廟的一個舞者。他們的記憶錯覺都透過催眠術得到了證實，是催眠術讓他們回了一趟自己的過去。

著名的瑞士心理學家和哲學家卡爾・古斯塔夫・榮格12歲時候就首次有過這種感覺。從那時起他堅信一點，他同時在過著另外一種生活，有時候還生活在18世紀。

傑克・倫敦和柯南道爾也描寫過記憶錯覺的情節。蘇利克主演的喜劇《魔力》跟記憶錯覺恰恰相反，也就是說完全是所經歷的現實感覺。記得劇中主角在準備考試的時候，他在大街上找提綱時是挨著一個少女站著，由於看書入迷竟沒發現走進了她的家。但到後來，在「神志清醒」時去到她家做客，才突然想起曾來過這裡。

俄羅斯國立人文大學最高人文學研究所研究人員、哲學副博士列昂尼德·卡拉謝夫有他的一套獨到見解。他說，有很多學者都認為記憶錯覺是源於過度疲勞、大腦混亂，所以把未知當成已知，但他卻傾向這是一種「全息攝影錯覺」。

在他看來，所謂全息攝影術的原理，就是拍出的照片任何一個局部都可以重現原照片的所有資訊。也就是說，把一張照片撕成碎片，只要有一個碎片，就可以復原原照片的整個圖像。

所謂「全息」就是指局部包含整體資訊。記憶錯覺這種奇異現象很可能就是以相似方式形成的。

實際上我們生活中經常要接觸的整體資訊是以代碼化形式存貯在大腦裡，只是我們看到和聽到的東西藏得很深，藏在潛意識裡。這些資訊只要有風吹草動就會蹦出來，像什麼氣味呀、聲音呀、燈光照明呀、與相似情景的瞬間遭遇呀，都會誘使我們造成一種錯覺，彷彿5至10年前曾有過類似的境況。雖說如果細細分析，還是有不少不同之處。

卡拉謝夫還認為，17歲的青少年由於閱歷不多，對各種各樣的生活境況還相當敏感，所以最容易出現記憶錯覺。35

至40歲的時候又會遭到記憶錯覺的第二次衝擊，不過這時的感覺中已缺少青少年時期的那種純真喜悅，更多的還是一種神祕色彩。到40歲的時候，記憶錯覺已經是一種對所有逝去的事物的傷感。那些憂鬱症患者以及非常神經質和敏感的人一生中會常常出現記憶錯覺。

事情真的像科學家所解釋的那樣嗎？事情的謎底顯然並沒有解開。

生命輪迴之謎

你聽說過傳說中的六道輪迴，
但是你親身經歷過生死輪迴嗎？
你能知道自己的前世嗎？

佛教認為，生命是有輪迴的。人們依據一生的善惡，上升天堂，下降地獄；一般的人，仍輪迴為人，依其福澤而有高下。史傳和筆記小說，記載有人能記憶前生，甚至三生的往事。直到現代，仍不斷有轉生借屍還魂的事。

一般科學家、心理學家、醫學家，由於不是親身目睹，對此都加以全盤否認。即使偶爾目睹經歷，也說是精神不正常，或是心理幻想，一概抹煞。於是信者自信，不信者則斥為迷信。

出身耶魯大學的醫學博士布萊恩・魏斯，擔任過耶魯大學精神科主治醫師，邁阿密大學精神藥物研究部主任，在匹茲堡大學教過書，現任西奈山醫學中心精神科主任，曾發表三十七篇科學論文和專文。然而就是這位受過嚴格科學訓練的醫師，竟提出人類有輪迴的說法。

1980年，有一位年二十七歲，名叫凱薩琳的女子，因患焦慮、恐懼和痛苦的侵擾，找他求治。他花了十八個月，做傳統心理治療，毫無好轉。於是用催眠法，想追蹤她童年的傷害，哪知道竟催眠到她的前世。

她在催眠中的說話，毫不遲疑，名字、時間、衣服、樹木，都非常生動。她並不是在幻想，杜撰故事，她的思想、表情，對細微末節的注意，和她清醒時的人，完全不同，無法否認其真實性。在一連串的催眠治療狀態下，凱薩琳記得了引發她症狀的前世回憶，也傳達了一些高度進化的「靈魂實體」的訊息。

前輩大師告訴她，在地球上她活過八十幾次。但催眠治療中，只前後出現過十二次，而且有幾次是重複出現。在催眠中，她說出自己曾是埃及時代的女奴，十八世紀殖民地的居民，西班牙殖民王朝下的妓女，石器時代的穴居女子，十九世紀美國維吉尼亞的奴隸，第二次世界大戰的飛行員，被割喉謀殺的荷蘭男子，是威爾斯的水手，在船上作業時受傷，是參加大姐婚禮的小女孩，是十八世紀的男孩，目睹父親被處死刑。她栩栩如生描述身處的景象。他測試過凱薩琳，確定她沒有說謊。

魏斯說：「恐怕這不是相信或不相信的問題，而是讓我知道，輪迴是真實的事。」

每一世死亡的情形，都很類似。死後自己會浮在身體之上，可以看到底下的場面。通常死後感覺到一道亮光，她可以從光裡得到能量，被光吸過去，光愈來愈亮。她飄浮到雲端，接著他感覺到自己被拉到一個狹窄溫暖的空間，她很快要出生，轉到另一世。

在她的前世中，常出現今生中對她關係重要的人。根據許多次研究，一群靈魂會一次又一次地降生在一起，以許多的時間，清償彼此的相欠。人們對人的暴力和不公，都得償還。過完的每一生，若沒有償清這些債，下一生就變得更難。這些輪迴轉世償債的情形，和中國傳統宗教中的因果報應和業障的說法，並無不同。於是魏斯花了四年，寫下了《Many Lives ，Many Masters》這本書。花了四年，才鼓起勇氣，甘冒專業的風險，透露這些不正統的訊息，讓大家都瞭解我們所知道的不朽和生命的真義。

這本書一出版，在佛羅里達州上了連續兩年的排行榜，平裝書印刷十次，譯成十一國文字，風行一世，得到醫師和專家的好評。魏斯說：「自從接觸這個病人，我的生命全然改觀。」

在中國民間，流傳著許多有關因果報應、輪迴轉世的故事，在諸家野史、筆記，甚至在正史中，皆有許多此類記事。即使二十世紀，民間輪迴轉世，借屍還魂之事，這類事實，超心理學研究者，從國內外已搜集到不少的實例，除身處其境的人深信不疑外，一般的人，未必全信，只是當做奇聞異事，流傳而已。

雖然如此，《死亡之後的生命》在前言中說：「早在十九世紀中葉，受當時那些據說和死者靈魂有感應力量，並與精神世界取得聯繫的層出不窮的報告影響和刺激，人們已經開始一本正經地認真對這一現象展開了研究。從那以後，為了最終決定性證明這種交流與感應到底可不可能，這些先驅者突破萬難，千方百計地對數以百計明顯難以解釋的實例，進行了調查和探索。而另一個吸引人們進行仔細深入研究和調查的領域，是那些心靈感應的藝術領域，音樂繪畫、文學等作品，作者是平凡的人，但他們宣稱其作品，是受到早已去世大師的指導而產生的。」

關於生命的輪迴，僅僅是宗教的傳說，還是科學的迷信，抑或是真有其事呢？

垂危病人的「迴光返照」

迴光返照能夠起死回生嗎？

一些病入膏肓的臨終病人，在經歷了多日的高熱不退、神志昏迷、滴水不進等危重困境之後，於奄奄一息的生命終端處，突然出現熱退身涼、頭腦清醒、能說會答、口能吞水、手腳能動、臉色紅潤等現象，呈現出一派「燈油將盡閃輝煌」的奇觀。有的甚至能留下幾句遺囑，與守候在病榻邊的親友聊上幾句或訣別，給人「起死回生」的錯覺。但終究好景不長，轉瞬間便撒手人世，令親屬空歡喜一場。

影片《甲午風雲》中李鴻章的扮演者王秋穎病危，臨終前提出想見鄧世昌的扮演者李默然一面。當李默然聞訊匆匆趕到醫院時，王秋穎正在搶救中，護士謝絕親友會見而與李默然發生爭執。

此時，恰逢病人出現迴光返照，一直處於昏迷狀態的王秋穎猛然醒過來，喝問：「誰在二堂喧嘩？」李默然應聲而人，搶步上前低頭道：「回大人，是屬下鄧世昌，拜見中堂大人！」聽罷回音，王秋穎心安理得，溘然而逝。

對於垂危病人的「迴光返照」現象，中國古人早已觀察和注意到。宋代道原《景德傳燈錄》載：「方便呼為佛，迴光返照，看身心是何物。」《紅樓夢》中更是描寫了賈母去世的情景：「賈母又瞧了一瞧寶釵，歎了口氣，只見臉上發紅。賈政知是迴光返照，即忙進上參湯。賈母的牙關已經緊了……」

這種猶如「殘燈復明」現象，往往出現在病人瀕臨死亡之時，均為時甚短，醫學界稱之為「迴光返照」。「迴光返照」到底是怎麼回事呢？

中醫認為，「得神者生，失神者死。」生命垂危的病人的「迴光返照」，如油燈燃油將盡時於燈熄之際突然明亮地跳躍一下的「殘燈復明」，是剛陽欲將離絕、陽氣虛脫、孤陽外越的徵象，也是病人全身臟腑衰竭前最後動員所有能量所做垂死掙扎的表現。

對於人體臨終前「迴光返照」的現象，美國科學家進行過專題研究。他們觀察研究了58名即將死亡和自認為即將死亡的病人後發現，不少人臨終前確實會感到心情豁然舒暢，大腦突然清醒，儘管這僅僅是「曇花一現」般的短暫時刻。

另一份研究報告稱：一組來自28個被判斷為瀕死病人的

醫療記錄，與另一組30個並沒有死亡危險但自認為即將死亡的病人記錄所述內容極為相似，但真正瀕死的一組稱自己看到強光的例子比後一組病人要多。

兩組病人均訴說在黑暗中看到強光，有時發現自己站在隧道末端，以及覺得自己已經脫離軀體而飄蕩在空中等。專家分析，病人之所以會如此，前組屬於「迴光返照」過程的思維活動，而後組則純屬於心理因素的作用。

現代醫學指出，「迴光返照」現象的祕密，與人體細胞內儲存和供應能量的中心物質「三磷酸腺苷」（ATP）有關。當人體遇到強烈刺激，如病菌侵犯、瀕臨死亡等嚴重情況時，ATP會迅速轉化為二磷酸腺苷（ADP），「孤注一擲」地釋放出巨大的能量，給各器官組織特別是神經系統和內分泌系統以突發動力，促使腎上腺皮質驟然大量分泌腎上腺素和皮質激素，從而使病人突然表現出非凡的活力，如神志突然清醒、四肢力量增強、食欲增加等所謂的迴光返照現象。但二磷酸腺苷的能源只能維持很短暫的時間，生與死的決鬥很快就見分曉，死神很快就奪去「油盡燈枯」垂死病人的生命。

屍體不腐之謎

屍體千百年不腐，是有保鮮祕方，
還是自然的作用？

1992年11月24日夜，河北省香河縣88歲的周鳳臣拔掉氧氣管，說：「我要睡覺了，不需要它了。」隨後安然合上了雙眼，停止了呼吸和心跳。奇怪的是，老人停止呼吸和心跳後24小時體溫不降，一星期後身體柔軟如常，手背甚至還有血液流動，頭部太陽穴的血管清晰而且有彈性。

在隨後的數月裡，老人的遺體竟在常溫常壓下自然脫水，脫油脂，甚至連盛夏酷暑季節也不例外。不知不覺已經過去數年了，老人的屍體仍然在自己睡覺的土炕上，儼然就像剛死一樣。完好無損。1995年夏更演化成「金剛琉璃體」。到現在，老人遺體在常溫下不僅不腐，而且自體內發出芳香的氣味。

就在去世的前10天，因病住院的這位老太太病情卻奇蹟般的突然好轉，連醫生都十分驚訝。更為奇怪的是，排便這時卻出現了異常，每次都噴湧不止，量大而且十分黏稠，顏色紫黑，就是幾十年的老醫生也不知如何辦才好。第二天，又大量吐痰，整整吐了幾缸痰，痰中有很多塊狀物。五顏六色，連醫生都沒見過。吐完之後，她又用冷水漱口。這種狀況整整持續了一天一夜，當時大家都十分害怕。她又讓家人用冷水給她擦身，用清涼油塗抹全身的主要穴位。當天，她本不想吊點滴了，但醫生認為她的病根本沒好。特別是這些異常症狀更是讓醫生不敢大意，堅持為她吊點滴，但在她手上和腳上連扎數針，均無回血，醫生只好作罷。就在11月24日夜，這位老太太安詳地離開了人世。

香河老人現象也引起了社會各界的關注，香河老人何以能夠在心不跳、氣不喘的狀態下，一晝夜體溫不降，一星期遺體不僵，幾年後遺體不腐呢？

有人認為是由於臨終潔身，腐即不清潔。它往往與腐爛、腐敗、腐朽、腐化、腐蝕、腐惡聯繫在一起。而要不腐，首先要清潔、從而減少或杜絕細菌的存在和孳生。香河老人臨終前的一項項潔身措施，無疑是導致遺體不腐的關鍵一環。

也有人認為可能是水土優越。據傳遼國蕭太后巡幸淑陽，在此地孫村往東一里左右遇到一條叫長溝的小河。時逢夏秋之交，河中遍生蓮藕，微風拂過，葉綠蓮紅。蕭太后頓覺遍體清涼，心中甚悅，遂賜名「香河」，香河縣由此得名。

更有人指出，保存老人遺體的最佳環境就是農村的土房土炕。正是為了保留這兩間半土屋，老人當年曾專程從北京趕回來，並且執意要保留著原來的土屋土炕的原貌。

老人臨終前的全身冷水潔身是否與香河的水土有關呢？如果是發生在其他地區也全身冷水潔身是否就有不腐的結果呢？正如茅台酒所在的水源，汾酒所處的自然微生物，是否是一樣的原理？現在仍然是個謎。

其實關於屍體不腐的現象，歷史上已有詳細的記載。最早提到肉身不腐這種現象的是中國的《佛教聖徒傳》。其中記載宋朝有個叫貴甯的高僧，於712年圓寂之後葬於考延寺院。1276年，在宋朝行將崩潰之時，蒙古士兵挖出他的屍體，看是不是像謠傳的那樣他有著一副不腐之身。結果發現高僧在他死後564年皮膚還有彈性和光澤，絲毫沒有任何乾枯和腐爛的跡象。

不僅在中國，世界上的其他國家也有多起屍體不腐的事情。1977年，西班牙埃斯帕季納斯挖開一個家庭墓穴。掘墓人及其助手大為震驚，因為看到裡面有具11歲男孩的屍體還沒腐爛，儘管他埋在裡面已有40年的光景。小男孩何塞・莫列諾於1937年死於腦膜炎，家裡並不打算對其屍體進行防腐處理。很快，全村人都跑來看這具爛朽屍衣覆蓋下的「鮮活」屍體。村民們認為何塞太「神奇」了，自然也就是個小聖人，於是給羅馬教皇寫信，要求把他封為聖者。

雖然人類已經知道不少借助酒精、甲醛、蜂蜜、沙礫、鹽和許多比如像海鳥糞混合物保存屍體的辦法。但是沒有經過任何防腐處理的屍體，竟然能夠經久不腐，這是怎麼回事呢？科學界仍然沒有合理的解釋。

可怕的異世界謎團
那些來自另一個世界的聲音

在這個世界上，

總是有一些無法得到科學解釋的事情活躍在我們周圍，

在不經意間突然發生，讓人心驚膽顫冷汗直流。

難道真的存在另一個世界？那個世界是一番什麼景象呢？

無處不驚魂

小心！另一個世界就在我們身邊，

聽到怪聲請不要轉頭……

法老詛咒顯靈

發掘和考察金字塔的科學家，

一個個神祕地死去，

僅僅是一種巧合，

還是「法老詛咒」顯靈？

在埃及金字塔幽深的墓道裡，刻著一句陰森恐怖的咒語：『誰打擾了法老的安寧，死神的翅膀就將降臨在他頭上。』人們曾經以為，這不過是想嚇唬那些盜墓者，使法老的墓中財寶免遭劫難，隨著近代考古學的興起，眾多西方學者和探險家前來埃及發掘古蹟，他們也沒有把這當一回事。然而一個多世紀以來：進入法老墓寶的人，無論是探險家、盜墓者還是科學家，絕大多數不久便染上不治之症或因意外事故，莫名其妙地死去。人們不得不咒語面前感到畏懼，不得不懷疑，這是法老的咒語顯靈了。

圖唐卡門是埃及第十八王朝的法老，西元前十四世紀在位。他九歲即位，不到二十歲就去世了。英國著名探險家卡納馮爵士和英籍埃及人、考古學家卡特率領的一支考察隊，為尋找圖唐卡門法老的陵墓，在埃及帝王谷的深山中整整奔波了七年。直到1922年11月，他們才終於找到了圖唐卡門陵墓的封印。

等到他們鑿開墓室時，已到了次年2月18日。燭光映出鑲滿珠寶的黃金御座、精美的法老棺槨和數不清的裝滿珍寶的匣子，考察隊員們欣喜若狂。這時他們突然接到開羅來的電報，說卡納爵士突發重病死去。

卡納馮爵士時年57歲，身體一直很好。但那天他的左臉頰突然被蚊子叮了一口，這小小的傷口竟使他受感染患了急性肺炎，以至要了他的命。而據說後來檢驗法老木乃伊的醫生報告說，木乃伊左臉頰下也有個傷疤，與卡納被蚊子叮咬處疤痕的位置完全相同。

不久，因推倒墓內一堵牆壁而找到圖唐卡門木乃伊的考古學家莫瑟，患了一種神經錯亂的怪病，痛苦地死去。

1929年底，協助卡特編制墓中文物的查德・貝特爾自殺。次年二月，他的父親威斯伯里勳爵也在倫敦跳樓身亡，據說他的臥室裡擺放了一只從圖唐卡門墓中取出的花瓶。

埃及開羅博物館館長米蓋爾・梅赫賴爾負責指揮工人從圖唐卡門墓中運出文物，他根本不信「咒語」，曾對周圍的人說：「我一生與埃及古墓和木乃伊打過多次交道，我不是還好好的嗎？」這話說出還不到四星期，梅赫賴爾就突然去世，時年52歲。據醫生診斷，他死於突發性心臟病。

到1930年底，在參與挖掘圖唐卡門陵墓的人員中，已有12個人離奇地暴斃。法老咒語顯靈之說，從此不脛而走。

發現圖唐卡門陵墓的卡特，自以為僥倖躲過了劫難，過著隱居的日子，不料也在1939年3月無疾而終。

直到1966年，法國請埃及將圖唐卡門陵墓中的珍寶運往巴黎參加展覽，此舉已得到埃及政府同意。主管文物的穆罕默德・亞伯拉罕夜裡忽作一夢：如果他批准這批文物運出埃及，他將有不測的災難。於是他再三向上級勸阻，但力爭無效，只好違心的簽署同意書。當他離開會場後就被汽車撞倒，兩天之後死去。

這些人究竟是怎麼死去的，法老的詛咒又是怎麼回事呢？

有人認為，古代埃及人可能使用病毒來對付盜墓者。1963年，開羅大學醫學教授伊廷塔豪根據許多考古學家呼吸道發炎的病毒，認為進入法老墓穴的人正是感染了這種病毒，引起肺炎而死去的。

1983年，法國生物學家菲利浦認為，致命的不是病毒而是黴菌，由於法老陪葬物中有眾多食品，日久腐敗，在墓穴形成眾多的黴菌微塵。進入墓穴者不可避免的要吸入這種微塵，從而肺部感染，痛苦地死去。

另一些科學家則認為，法老的咒語來自陵墓的結構。其墓道與墓穴的設計，能產生並聚集某種特殊的磁場或能量波，從而致人於死命，但要設計出這樣的結構，必然要有比現代人更高的科學技術水準。而三千多年前的古埃及人又是怎樣掌握這種能力的呢？

其他觀點也難有自圓其說之處。若說是病毒，什麼病毒能在封閉的空間中生存四千年？若說是黴菌，陵墓掘開後空氣流通，黴菌微塵不久就會散去，不可能持續多年。孰是孰非，至今還沒有一個公認正確的答案。三千多年前法老的詛咒，至今仍然沒有答案。

一具神祕的木乃伊

凡是和這具木乃伊接觸的人，

不是慘遭不幸，就是神祕死亡。

1912年4月，一位美國考古學家花了一筆可觀的費用，買下了一具木乃伊，並打算將它安置在紐約市。於是將它運上一艘當時轟動造船界的巨輪。為了慎重起見，他還將它安置在船長室附近，希望它能安安穩穩地抵達紐約。這艘巨輪就是現在老少皆知的「鐵達尼號」！

當「鐵達尼號」沉沒時，有人稱正是那具木乃伊在作祟，所以才釀成了1千多條人命的慘劇。事實的真的如此嗎？這是誰的木乃伊，竟有如此大的邪惡？

據記載，這具是3000多年前埃及的亞曼拉公主的。她去世之後，其遺體按照古埃及習俗被製成了木乃伊，葬在尼羅河旁的一座墓室之中。

1890年末，4位英國年輕人來到埃及。當地的走私販子向他們兜售一具古埃及棺木，棺木中就是這位亞曼拉公主的木乃伊。

4位英國人經過一番商量，決定由其中最有錢的那個人以數千英鎊的高價買下這具木乃伊。從此，這位在古埃及歷史上默默無聞的公主便給許多人帶來了一連串離奇可怕的厄運。

買下木乃伊的那位英國人將棺木帶回旅館。幾個小時後，沒有人知道為什麼，這位買主竟然無緣無故地離開了飯店，走進附近的沙漠，從此消失了蹤影，再也沒有回來。第二天，他的一位同伴在埃及街頭遭到槍擊，受了重傷，最後不得不將手臂切除。剩下的兩個人也都先後遭到了厄運。其中1人回國後無緣無故的破產；另外1人則生了重病，最後淪落在街頭販賣火柴。

這具神祕的木乃伊後來還是被運回了英國，但沿途依舊怪事不斷。運到英國本土後，一位鍾愛古埃及文化的富商買下了這具木乃伊。不久後，富商的3位家人在一場離奇的車禍中受了重傷，富商的豪宅也慘遭火災。在經歷這樣的變故之後，這位富商只好將這具木乃伊捐給了大英博物館。

亞曼拉公主的魔力還沒進大英博物館便已經開始出現徵兆。在載運木乃伊入館的過程中，載貨卡車失去控制撞傷了一名無辜的路人。然後，兩名運貨工人將公主的棺木抬入博物館時，在樓梯間棺木失手掉落，壓傷了其中1個工人的腳，而另外1個工人則在身體完全健康的情況下，兩天後無故死亡。

然而，真正的麻煩才剛剛開始。亞曼拉公主的棺木後來被安置在大英博物館的埃及陳列館中。在陳列期間，夜間的守衛報告說，常常在她的棺木附近聽見敲擊聲和哭泣聲。更有甚者，連陳列室中的其他古物也常發出怪聲。不久之後，1名守衛在執勤時死去，嚇得其他守衛打算集體辭職。

因為怪事層出不窮，最後大英博物館決定將木乃伊放入地下貯藏室。事實證明，這一切都是徒勞的，因為1個星期不到，決定將木乃伊送入地下室的博物館主管又無緣無故的送了命。

至此，這具充滿詛咒的木乃伊已經聲名大噪。有一位報社的攝影記者特地深入地下室，為這具木乃伊拍了一些照片，結果卻在其中一張照片上洗出了可怕的人臉。然而就在第二天，這名攝影記者被發現陳屍自己家中，死因是自殺。

不久以後，大英博物館將這具木乃伊送給了一位收藏家，這位收藏家當即請了當時歐洲最有名的巫婆拉瓦茨基夫人為這具木乃伊驅邪。在經過了繁雜的驅邪儀式後，拉瓦茨基夫人宣佈這具木乃伊上有著「大量驚人的邪惡能量」，並且表示要為這具木乃伊驅邪是不可能的事，因為「惡魔將永存在她的身上，任何人都束手無策」。最後，拉瓦茨基夫人給這位收藏家提出忠告：儘快將它脫手。

但是，誰願意接受一個被詛咒的木乃伊呢？畢竟短短的10年，就已經有20人因為她而遭到不幸，甚至失去了生命。下一個接手亞曼拉公主木乃伊的人是誰？他會倖免嗎？

殺人魔鏡

法國有個殺人魔鏡，250年奪去38個人生命。

在2000年，香港拍攝了一部驚悚影片《午夜凶鏡》，講述了一面魔鏡的故事：明末，一位女子對著鏡子整理頭髮，卻被自己的情人派來的殺手殺害。而她的鮮血沾到了鏡子上，從此使這個鏡子有了一種特殊的能力，成為了一個魔鏡。

1922年，上海。瑪莉收到一份表姐送來的奇特的生日禮物——魔鏡梳粧檯，而表姐早在5年前就已經去世。魔鏡就如同神祕的使者一樣將瑪莉5年前如何設計害死姑媽和前夫的罪行一一揭露。

1990年，新加坡。名律師詹辛受不了巨額律師費的誘惑，為一個犯下姦殺罪的富家子弟辯護，使他免於刑事處罰。功成利就的詹辛在返回家的路上遭遇車禍而毀容，被送往醫院後由著名的整容師為他整容，拆線的日子終於到來了，以為大功告成的詹辛在魔鏡中見到的，竟是一張被富家子弟殺害的人的臉。

1999年，香港。含辛茹苦將孫子麥迪撫養成人的藍姨終於盼到孫子從英國學成歸來，但他帶了一個洋氣十足的女人回來，不久藍姨就成為那個女人爭奪遺產的犧牲品，麥迪失去了奶奶之後才懂得了親情的珍貴。在離開這個伴隨他長大的祖屋時，他將一個小時候和奶奶一起玩耍的棒球拿起來扔了出去，沒想到球被一隻無形的手接住：奶奶來為他送行了……

影片中的魔鏡殺人已讓人心顫不已，然而，在法國卻真的出現了一面殺人的魔鏡。1997年，法國古玩收集協會突然召集巴黎各大報社的記者開新聞發佈會，並向記者們發佈了一個匪夷所思的警告——請那些古董收藏家們千萬不要買一面有250多年歷史的鏡子，因為它是一面會殺人的「魔鏡」，自它誕生至今已經殺死了38個人！

如果這一事件發生在500年前的巫術時代也許情有可原，但它偏偏發生在20世紀末：一個最具理性的年代。任何人向這面鏡子中觀看，就會因腦部大出血而死，但一直無人能解釋它令人神祕死亡的真正原因！

在這面「魔鏡」的邊框上寫有「路易斯・阿爾發1743」字樣。這面鏡子出廠日期是1743年，路易斯・阿爾發是製鏡工匠的名字，也是首位被害人。這位做了一輩子鏡子的匠人，在製作完這面鏡子的兩天後，突然倒臥在工作房內。經醫生檢查，他死於腦溢血。

22年後，魔鏡的新主人是一個35歲的出版社編輯阿內諾卡，他在巴黎街頭的小攤上看到了這面舊鏡子，便將它買回家，掛在臥室的牆上。之後，阿內諾卡便突然失去了音訊，焦急的老闆派人去他居住的公寓中尋找，但房門緊鎖。請來房東太太打開門後，人們驚駭地看到他倒在臥室的地板上，臉上還塗抹著刮鬍膏。法醫鑑定其死因為腦溢血。

6年後，一家古董店的老闆亨利在舊貨市場看中一面古老而精美的鏡子，於是以極低的價格買回來，將它擺在古董店裡。三天後一個正午，亨利在店裡一邊悠閒地喝著咖啡，一邊看著門外來往的人潮。可是，兩小時後亨利太太來找他時，難以置信的看到丈夫撲倒在桌子上。她驚慌地找來人將亨利送進醫院搶救，但20分鐘後，醫生宣佈了他已死亡，死因仍是腦溢血。亨利的家人隨之將這面鏡子扔掉了。

時間一晃又過去了近70年，身為外科醫生的尤娜在跳蚤市場見到這面鏡子，便買了下來將它放在書桌上。漢默先生看到鏡子對妻子說，它看上去太陳舊了，但尤娜堅持認為它放在這裡正合適。就在這時，兩人突然雙雙摔倒在地，家裡的傭人連忙將他們送往醫院，但在途中他們都停止了呼吸，死因仍是腦溢血。

至此，這面刻有「路易斯・阿爾發1743」的鏡子正式進入到人們關注的視線中。在之後漫長的時間，圍繞這面鏡子，陸續又有30多人死去，死者年齡從22歲到57歲不等，大部分人生前健康狀態良好，他們都是在得到這面鏡子三天內就突然遇難，且死亡原因出奇的一致。

最後的死者也就是第38位，是史密斯博士，這位科學家決心揭開魔鏡的謎團。1997年5月，史密斯博士費了很大周折才弄到這面鏡子，它一直被封在木盒中，賣主一再警告博士，最好不要使用。史密斯博士不以為然，他迫不及待地打開木盒，小心地從裡面取出這面充滿傳奇的古鏡。但第三天中午，史密斯在書房突然被一陣眩暈襲倒在地，家人準備將他送往醫院，他用最後的力氣交代他們，將那面鏡子密封起來，千萬不要再讓它害人了。從此以後，這面鏡子便被史密斯的家人像所羅門封印下的魔鬼瓶子一樣貼上了標籤，嚴密收藏了起來。

後來，這件異事傳到了美國，引起了考古學家懷思博士的好奇。2005年4月，他專程來到巴黎，向法國古玩收集協會提出申請，想對「魔鏡」進行研究，卻遭到拒絕。

懷恩又找到了史密斯博士的孫子，他終於答應將鏡子重新拿出來。於是，懷恩在史密斯家的地下室中見到了這面傳奇的鏡子。它被嚴密封存在一隻木盒當中，數年前貼上的封簽完好如初。回到美國後，懷恩將木盒拿到自己家裡的實驗室，妻子瑪麗痛哭著請求懷恩停止這個瘋狂的舉動。不過在懷恩的勸說下，瑪麗哭著離開了實驗室。

史密斯博士是在查看鏡子後三天死去的，懷恩想即使自己也難逃噩運，也要充分利用有限的時間將魔鏡之謎揭開。懷恩仔細查看鏡面，根據多年的考古經驗，他認定，鏡面的年代沒有傳言中的那麼久遠。於是懷恩對它做了測試，果然這塊鏡面僅有不到100年的歷史。那就是說，鏡面曾被人更換過。這樣看來，祕密不在鏡面上，難道鏡框才是殺人的真凶嗎？懷恩大腦中靈光一閃，一個想法鑽進了他的腦海，他急忙的打開門跑了出去。

當懷恩掏出鑰匙打開實驗室的門時，瑪麗發出一聲尖叫，她駭然看到，鏡子對面的兩隻小白鼠，正全身僵硬死在鐵籠裡。懷恩立即衝到實驗台前，對死去的小白鼠做了解剖，結果發現兩隻老鼠腦內都積存著大量的血液，它們也都是死於腦溢血！懷恩小心地從鏡框上刮取了一些樣本，然後把鏡子放回到木盒中。第二天，他把這些樣本送到了專業的科研機構進行鑑定。

兩天後，樣本檢測結果出來了，果然不出所料，製作這面鏡子的木材是一種極罕見的樹木——庫拉樹，它在100多年前已經絕種了。據記載，庫拉樹的木材中含有一種巨毒物質，在接受強光照射後會大量釋放有害氣體，可導致吸入者腦部血管在短時間內爆裂，引發腦溢血。

這次是懷恩的日常習慣救了他。他平日在實驗室工作的時候都習慣拉上窗簾，所以缺乏光照才使他死裡逃生。而當懷恩離開實驗室後，瑪麗曾走進來拉開了窗簾，在陽光的照射下，鏡框釋放出有害物質奪走了對面兩隻小白鼠的性命。謎團終於破解了！

然而，正當懷恩準備召開新聞發佈會時，他卻難以置信的發現盛放「魔鏡」的木盒不翼而飛了！「殺人魔鏡」又一次成了一段懸案！

神祕村莊詭異自燃

人體自燃的謎團尚沒有解答，
又出現了詭祕的村莊自燃，
這究竟是怎麼回事呢？

義大利西西里島的一個小村莊裡頻頻發生神祕自燃事件。詭異的火光讓當地人紛紛撤離村莊。據英國《泰晤士報》、《衛報》報導，這個名叫卡尼托・迪・卡羅尼亞的村子，位於義大利西西里墨西拿海岸上，全村僅有150多人。大約一半人家中使用的家用電器和保險絲盒都已經發生過自燃。

安東尼奧・佩齊諾家最先發生自燃。當時，家裡的電視機突然就著了火，他還以為是電線發生了短路，根本就沒在意。可是沒過多久，村子裡其他的鄰居家裡也都先後發生了物品自燃的現象。

據該村數學教師法蘭西斯科・維塔勒稱，他的手機充電器竟然也突然「著了火」。

小到微波爐，大到汽車，還包括洗衣機、電視機、空調、床墊、椅子等等，整個村子幾乎什麼東西都可能莫名其妙地燃燒起來。

神祕自燃事件發生後，當地政府宣佈卡尼托進入「緊急狀態」，小鎮上居住的全部39戶居民已經全部撤離。當地員警曾猜測是否惡作劇或縱火犯所為，但當他們看見金屬絲「著火」後，就排除了這種可能。

為了隨時滅火，一個消防小組打算長期駐紮該村，隨時待命。一名義大利電力公司發言人悲傷的說，儘管電力公司早在10天前就切斷了通往該村的所有電力供應，但這種奇怪的自燃現象仍然照常發生。

一些村民懷疑，「神祕火災」可能歸咎於附近一條從墨西拿通往巴勒莫的鐵路線，這些村民懷疑，可能是鐵路線上積聚的電流，以一種尚未可知的方式傳遞到了村莊上的房子。

對此，義大利鐵路公司不得不發表聲明，稱鐵路部門已經停止運行該鐵路線上的所有列車，並切斷了該鐵路線上的所有電力。然而，神祕的火災仍然照常發生。

村長斯皮納托說：「幸運的是，到目前為止還沒有一人死於火災，但我們全都提心吊膽，充滿恐懼。」村民西奧夫說，她9歲的女兒不願意回家，因為到現在，一開電視或者是打開浴室的排風扇時，她都會心驚膽顫。

自燃事件發生後，100多名由電力專家、磁場專家、電話工程師、地質學專家組成的科研小組已趕赴現場，手持各種設備對卡羅尼亞村進行檢測，尋找該村物體神祕自燃的原因，但最終一無所獲。

面對科學家也無法解釋神祕火災，當地一些老村民甚至開始懷疑該村可能已被一個「邪靈」盤踞，它從一個房間穿行到另一個房間，不停地引發火災。

義大利「超自然現象控制委員會」負責人馬西莫·波利多羅說：「這裡的燃燒現象都只在有人在場的情況才會發生，這個事實讓人非常費解，難以確定這到底是正常的自然現象還是一種超自然現象。」神祕自燃猜測種種，惡作劇？魔鬼作祟？還是超自然現象？

神祕的四度空間

地球和某種神祕世界之間，
存在著一種不可捉摸的通道。
通道另一側的神祕世界就是四度空間。

1968年6月的一個夜晚，阿根廷的畢達爾律師夫婦驅車行駛在往買普市的路上，竟然神祕失蹤。當他們被發現的時候，竟然遠在千里之外的墨西哥！這是怎麼回事？

1968年6月1日深夜，兩輛高級轎車在南美阿根廷首都布宜諾賽勒斯市郊疾馳著。六月天，在南美是冬季漸漸降臨的季節。然而，阿根廷的濱海地區幾乎沒有經歷過嚴冬。那裡離赤道的距離與東京相仿，可是，在最寒冷的七月，平均氣溫也保持在十度。

而在盛夏的一月，也難得有達到二十五度的日子。這或許是大西洋海洋流起了調節氣溫的作用所致吧！這天夜裡，兩輛轎車疾馳著，濃霧正籠罩著四野。

後面車上坐著布宜諾賽勒斯的律師畢達爾博士和他的妻

子拉弗夫人，前面車上坐著的夫妻二人是他們的朋友。為了探望熟人，他們由布宜諾賽勒斯南面的查斯科木斯市，向南一百五十公里的買普市，徹夜驅車而行。

阿根廷的西部屏障著險峻的安第斯山。由中部直到東部是綿延的大平原。那是南美最大的穀倉。道路穿過連綿無際的麥田，又直插沙塵漫漫的荒野。不知是因為前面的車速度太快了還是由於博士夫婦的車子發動機有點問題，兩輛轎車的距離漸漸拉開了。

前面的車臨近買普市郊時，兩人回首顧望，後面是濃霧迷漫，什麼也看不見。於是他們決定停車等候後面的博士夫婦。可是，等了半小時、一小時，迷霧中依然茫無所見。道路平坦而無分叉，他們心中狐疑，調回車頭來尋找。

然而，既沒有車相會，也沒有車停在路旁。甚至連出了故障或破損的車子碎片都沒有見到。也就是說，博士夫婦乘坐的車在公路上奔馳的途中，忽然化作輕煙消失了。

第二天，親戚朋友們找遍了查斯科木斯市與買普市之間。然而，道路東西兩邊，在廣袤無垠的地平線上，不論是人還是車，連影子都不曾見到。

兩天過去了。正當最後要報警時，由墨西哥打來了長途電話，說：「我們是墨西哥城的阿根廷領事館。有一對自稱是畢達爾律師夫婦的男女正在我們保護中。您認識他們嗎？」，接到電話的親戚很是詫異，於是請畢達爾本人來通電話，一聽，果真是失蹤的畢達爾博士的聲音。這也就是說，博士夫婦六月三日的確是在墨西哥城。

博士夫婦不久被送回了阿根廷，聽聽他們的談話吧！那簡直成了光怪陸離的事。據說，博士們坐的車離開查斯科木斯市不久，大約夜裡十二點十分，車前突然出現白霧狀的東西，一下子把車包圍了。他們驚慌中踩下煞車，不一會兒，便麻木失去了知覺。

不知過了多少時間，兩人幾乎同時甦醒過來。這時已是白天，車在公路上行駛著。可是，車窗外面的景色，與阿根廷的平原已迥然不同了。行人的服裝也多未曾見過。他們急忙停下車來打聽，行人竟然說這裡是墨西哥！

「這真是怪事！」他們這樣想著，又開動起車來，這時，街道和建築物都無可置疑的說明這確實是墨西哥城。兩個人帶著夢境未醒的神態，跑進阿根廷領事館求助。他們驚魂稍定後才知道，他們的錶在他們失去知覺的時刻：十二點十分已停住了，而跑進領事館則是六月三日了。

這是完全如謊言一般的故事，可是，博士在待人接物上都是十分講信用的，不可能說出如此謊言。

由阿根廷的查斯科木斯市到墨西哥城，直線距離也在六千公里以上，即便利用了船舶、火車和汽車之類，要在兩日內抵達也是斷無可能的。若只是人，還可以認為是乘飛機飛去的，可是，連轎車一起在墨西哥出現，確實讓人無法理解。

類似的事情很多，1893年10月25日夜裡，一個西班牙籍的士兵在菲律賓總督府門前站崗時，突然神志不清昏睡過去。次日清晨，當他醒來時，發現自己在墨西哥的政府大廈前。他感到十分奇怪。但墨西哥人認為他是精神失常者，而被交給教會處理。

受冤枉的士兵別無他法，只好向墨西哥人打賭：「昨天夜裡，菲律賓總督被人用斧頭暗殺了，這個消息總有一天會傳到你們這裡，那時你們就會相信我沒有說謊。」兩個月後，消息傳來證實了士兵所講的屬實。人們才不得不相信他的話，將他從教會裡放了出來。

這些事究竟怎麼解釋呢？科學家認為：地球和某種神祕世界之間，存在著一種不可捉摸的通道，通道的兩邊是兩個不同層次的世界，通道另一側的神祕世界，就是「四度空間」。即畢達爾博士夫婦被捲進了突然出現的空間的窟窿裡，也就是說，由於空間發生了某種反常，使得地球上某一處的某一物體陷落到另外的時空，穿越了四度空間，又返回到現實的空間。也就是說四度空間真的存在？

宇宙是無窮無盡的，在浩瀚無涯的宇宙中，科學家們對將如何解開「四度空間」這個世界，我們拭目以待。

莫名其妙的消失

一個大活人，光天花日之下，

在你面前消失的無影無蹤，他會去哪裡呢？

如果站在你面前的一個人，突然間消失得無影無蹤，你會有什麼反應呢？認為這是不可能的嗎？不。這種事確確實實發生過，而且不是發生在普通人身邊。

一名英國駐奧地利首都維也納的大使班傑明·巴沙斯特，因為公事必須回倫敦一趟。

當時大使正走出官邸的大門，搭上停靠一旁的馬車上，然而就在腳剛跨上去的瞬間，突然就消失了身影。

周遭一些前來送行的官員，異口同聲的說：「大使的身影就當著我們眾人的面，如煙霧般的消失無蹤了。」至於後來到底該怎麼辦，在場的人就全然不知了。

代表英國的公使莫名其妙的失蹤了，這可不是開玩笑的。維也納的警政署出動所有的刑警，做了一次地毯式的大搜查。可是，卻再也沒人看見過巴沙斯特大使的身影。

類似的事情不就以後在美國重演，主要目擊者之一還是一名法院的法官。

1880年9月23日的傍晚。在美國東部的田納西州，有個叫卡蘭迪的鄉間小鎮。大衛蘭克先生正邀請貝克法官以及其妻舅洛伊先生到家裡共進晚餐，受邀的兩人便搭著馬車來到蘭克家的前面。當時，站在大門前面的蘭克聽到馬車聲，便與妻子及兩個12歲與8歲的兒子，一同前往迎接。

「歡迎！歡迎！」

蘭克先生一邊熱情的揮著手，一邊朝正從馬車走下的客人靠近。誰知，就在這一瞬間，蘭克先生就失去蹤影，消失了。

出事的地點剛好在馬車的正前方。對於這突發的景象，在場的客人以及他的妻子無不瞠目結舌、驚訝不已。在夕陽斜照、光線明亮的院子裡，好端端的一個人竟然消失得無影蹤了。

「蘭克先生！蘭克先生！」

「爸！爸！你跑到哪裡去了！」

法官與孩子們大聲的呼喊，可是卻是一點回音也沒有。這樁離奇事件就像惡夢一般。當然，蘭克是不可能進到馬車裡。而且即使他走進去，從外面也能一目了然。

「怎麼會有這麼不可思議的事情。」貝克法官除了吃驚之外，茫然不知所措。

從庭院到牧場，盡是一片寬廣草原，根本沒有可藏身的地方。蘭克的妻子一時受到過度刺激，也因此而精神錯亂。

接獲報案飛奔而至的警方人員，對於此事件剛開始也是左思右想、多所懷疑。不過，再怎麼說，堂堂的法院法官也是目擊者啊！

刑警們開始將整棟建築物的裡裡外外做徹底搜查，更動用獵犬到處搜索，可是始終沒有發現蘭克先生的蹤影。

一個月過去了，整個事件仍然沒有頭緒。經過數月之後，蘭克先生的兒子來到父親消失的馬車之前，忽然聽到一陣奇怪的聲音「我好苦啊！好苦啊！」

於是一度又使警方緊張起來，不過最後還是像謎一般無法解開。

一個大活人，在眾目睽睽之下，事先沒有任何徵兆，就悄然消失了，確實讓人費解。不知警方何時能破此案件，將真相大白天下。

神祕的集體失蹤

光天化日之下，
一個大活人消失得無影無蹤已經很可怕了，
如今卻又出了集體失蹤的事，
誰來破此案呢？

1915年8月21日，土耳其加里波里群島清風和熙，第五諾福克團正準備向60號地區進攻。正當第一營官兵登上山崗時，一團雲霧飄過來把第一營的官兵籠罩起來，當雲霧散去時，一個營的兵力如幽靈般突然消失。

當年和這些英軍同在一個陣地的22名新西蘭士兵也親眼目擊這一事件，他們向上級做了報告，英軍大規模搜尋後毫無結果。

當時英軍一直認為最大的可能是全隊人馬均為土耳其軍所生俘，等到戰爭結束，英國向土耳其提出交還那些失蹤的英軍官兵，然而土耳其一直堅持說從未看到過這支部隊。英國政府把這一事件列為機密，塵封了整整50年，直到1967

年，才把這一事件的22名證人的證詞檔案公開，但是這一直成為英國軍事史上一大懸案。

類似的集體失蹤，早在1590年就已經發生過。有100名成年人和孩子當時居住在美國的殖民地羅亞諾克島，然而當美國士兵進入這個村莊時，蠟燭仍在燃燒，小屋裡擺著飯桌，但居住者已無影無蹤。

一開始美國兵認為可能是印第安人殺死了他們，但士兵們將現場和周圍地區找遍了，也沒有發現任何一具屍體。他們唯一的發現是牧師家附近一棵樹上的幾個字：「它看上去不像……」

而世界上最大的一樁集體失蹤案——西班牙士兵的失蹤案，更是聳人聽聞。1711年，約4000名西班牙士兵被圍困在一座山頂，等待援軍到來。司令部決定派遣援軍於次日趕到山頂。可是，當第二天早晨援軍到達山頂時，卻發現了十分奇怪的事情。

這支僅在山上露宿一夜的西班牙部隊竟不知去向。露宿營地裡，爐火依然燃燒著，整個駐紮地一片沉寂。也許他們睡得太死了吧！可是當援軍踏遍整個營壘之後，他們驚異的發現4000名官兵一個不剩的集體失蹤！他們究竟到哪了？軍方調查了好幾個月，也沒有找到任何線索。這件事被記錄在西班牙官方文獻和權威軍事史上。

多起集體失蹤案，給人們帶來了恐慌和疑惑，科學界也存在種種猜測，歸納起來主要有三個方面：

一、地球「黑洞」搞的鬼

有學者認為，地球「黑洞」是人眼看不見的引力世界，人一旦被吸入「黑洞」中，就什麼知覺也沒有了，所以，歷史上神祕失蹤的人、船隻、飛機等，實際上是進入了這個神祕的地球「黑洞」中。

二、時空隧道

美國著名科學家約翰・布凱里教授認為，「時空隧道」是客觀存在，是物質性的，它看不見，摸不著，對於我們人類生活的物質世界，它既關閉，又不絕對關閉，偶爾開放。因為在「時空隧道」裡，時間具有方向性和可逆性，它可以正轉，也可倒轉，還可以相對靜止。所以「時空隧道」和人類世界不是一個時間體系，進入「時空隧道」，有可能回到遙遠的過去，或進入未來，也就意味著神祕失蹤。

三、「靜電浮力」的觀點

研究員理查德・拉紮魯斯認為，世界各地發生這麼多集體失蹤案件，隕星可能是罪魁禍首。隕星在落向地球的過程中，可以產生高達10億伏特的電壓。如果撞向地表，它們會引發大爆炸，但有時候，隕星尚未落到地表就分崩離析了，只有巨大的能量波衝擊地表，產生靜電浮力。這種情況下，大群的人、船隻甚至火車都有可能被浮到空中或轉移到很遠的地方。

然而，無論是哪一種觀點，都很難讓人信服，恐懼與迷惑仍然懸在人們心頭。

時空隧道

時空隧道就是中國傳說中

「洞中方一日，世上已千年」的仙境嗎？

1912年4月15日，世界最大的豪華遊輪「鐵達尼號」在首航北美的途中，因觸撞流動冰山而不幸沉沒，造成了1500多人死亡的大悲劇。

80多年過去了。1991年8月9日，歐洲一個科學海洋考查船在冰島西南387公里處，發現一座冰山上坐著一位60多歲的男子，他穿著本世紀初的船長制服，靜靜地吸著菸斗，雙目眺望著大海。但誰會想到，他就是80年前沉沒在大西洋中的「鐵達尼號」船長史密斯！

史密斯船長被救上這艘科學考察船，立即被送往奧斯陸。在醫院裡，經著名的精神病心理學家喻蘭特博士認真檢查後，認為他生理和心理一切正常。科學考察船的負責人、著名海洋學家艾德蘭博士和病理學家哈蘭特博士在1991年8月18日舉行新聞發表會，向歐洲新聞界宣佈：經英國海事機構的指紋和照片驗證以及航海記錄表明，救起的這位老人確確實實是史密斯船長，他現在有140多歲了。據海洋學家艾德蘭博士說，在營救史密斯船長時，他拒絕援救、並稱應與「鐵達尼號」共存亡。這是一位船長應該做的。確實，在「鐵達尼號」沉沒時，史密斯船長在指揮營救，拒絕登上救生船並和「鐵達尼號」一起沉沒在大洋之中。史密斯船長一直認為「鐵達尼號」沉沒是發生在昨天。此事如何解釋呢？歐美的有關海事機構認為，史密斯船長是屬於「穿越時光再現」的失蹤人。

美國物理學家斯內法克教授認為，在我們生存的空間存在著許多一般人用眼睛看不到的、然而卻客觀存在的「時空隧道」，歷史上神祕失蹤的人、船、飛機等，實際上是進入了這個神祕的「時空隧道」。有的學者認為，「時空隧道」可能與宇宙中的「黑洞」有關。「黑洞」是人眼睛看不到的吸引力世界，然而卻是客觀存在的一種「時空隧道」。人一旦被吸入「黑洞」中，就什麼知覺也沒有了。當他回到光明世界時只能回想起被吸入以前的事，而對進入「黑洞」遨遊無論多長時間，他都一概不知。

有些學者反對這種假設，認為這不能說明問題。「鐵達尼號」遊輪和乘客同時沉沒、消失，乘客們進入「時空隧道」，為什麼遊輪沒有進入？如果遊輪也同時進入，它應該和船長史密斯同時再出現。

然而，在南美的914號班機所有乘客卻是實實在在都做了一次時空之旅。

1990年9月9日，在南美洲委內瑞拉的卡拉加機場的控制塔上，人們突然發現一架早已淘汰了的「道格拉斯」型客機飛臨機場，而機場的雷達根本找不到這架飛機。

機場人員說：「這裡是委內瑞拉，你們是從何處而來？」飛行員聽罷驚叫道：「天啊！我們是泛美航空公司914號班機，由紐約飛往佛羅里達州的，怎麼會飛到你們這裡，誤差2000多公里？」

接著他馬上拿出飛行日記給機場人員看：該機是1955年7月2日起飛的，時隔了35年。機場人員無法置信的說：「這不可能，你們在編故事吧！」後經電傳查證；914號班機確實在1955年7月2日從紐約起飛，飛往佛羅里達，突然途中失蹤，一直找不到，機上的50多名乘客全部都賠償了死亡保險金。

這些人回到美國家裡真令他們的家人大吃一驚。孩子們和親人都老了，而他們仍和當年一樣年輕。美國警方和科學家們專門檢查了這些乘客的身分證和身體，認為這不是鬧劇，而是事實。

最近，美國著名科學家約翰・布凱里教授經過研究分析，對「時空隧道」提出了以下幾點理論假設：

1、「時空隧道」是客觀存在，是物質性的，它看不見，摸不著，對於我們人類生活的物質世界，它既關閉，又不是絕對關閉——偶爾開放。

2、「時空隧道」和人類世界不是一個時間體系，進入另一套時間體系裡，有可能回到遙遠的過去，或進入未來，因為在「時空隧道」裡，時間具有方向性和可逆性，它可以正轉，也可倒轉，還可以相對靜止。

3、對於地球上物質世界，進入「時空隧道」，意味著神祕失蹤；而從「時空隧道」中出來，又意味著神祕再現。由於「時空隧道」裡時光可以相對靜止，故而失蹤幾十年就像一天或半天一樣。

然而時空隧道究竟存在不存在，究竟是怎麼回事，還需要科學家的進一步探索。

吸血鬼的故事

「如果換來的是永生，失去太陽又算得了什麼呢？」

如果證實這個世界上真的有吸血鬼，

你又有條件變成吸血鬼，你會做嗎？

吸血鬼是西方故事的熱門題材，1994年《夜訪吸血鬼》的橫空出世，更是這方面的代表作。故事發生在18世紀的路易斯安娜州。莊園主人路易在喪妻失女後，遇上了吸血鬼萊斯特，把他變成了吸血鬼，但是心地善良的路易不願為了吸血滿足自己的慾望而傷害人的性命，便吸取動物的血來維生。

在新奧爾良，路易遇見了因瘟疫而失去親人的小女孩克勞迪婭。終於控制不住自己的慾望而吸食了小女孩的血，並將她變成了吸血鬼。三個人在一起組成了一個奇特的家庭。

幾十年後，克勞迪婭開始怨恨萊斯特剝奪了她的成長權。她誘騙萊斯特喝下了死人的血，並乘其虛弱之時將其刺殺。然而當路易和克勞迪婭準備前往巴黎時，已是面目全非的萊斯特突然出現。搏鬥中，路易抓起油燈擲向萊斯特，火焰立刻將他吞沒。路易與克勞迪婭登上了去巴黎的輪船。

路易向一個年輕記者馬婁伊講述了自己的經歷，希望以此訓鑑後人。不料馬婁伊在聽完之後卻被深深吸引，並希望路易把他變成吸血鬼，路易不辭而別。驚惶失措的馬婁伊獨自驅車，開了一段路後竟看見沒有死的萊斯特在他的車上，這時的萊斯特早已恢復他年輕美麗的面貌，萊斯特吸了馬婁伊的血……

影片的黑夜、棺材、鮮血；貴族血統、華麗的古典服裝、不老的容顏；再加上永恆的生命都極大地刺激著人們的視野。吸血鬼的貴族氣質和冷酷的魅力吸引了數不清的人。在歐洲，從歷史開始的時候，就蔓延著吸血鬼的傳說。成千上萬的人們相信這一傳說並在黑暗裡因為這個傳說而顫抖。

西方的吸血鬼通常可以變為人或者吸血蝙蝠，但是在人形的時候則是很有風度的貴族紳士。所以大致上來說，吸血鬼也分國籍，就像人類一樣有種族國籍之分，如歐美吸血鬼就跟歐洲人一樣具有紳士風度。在大量吸血鬼的傳說中，一般都認為，人只有被吸血鬼吸血後再喝下吸血鬼的血才能變成吸血鬼，這一過程被稱之為「初擁」（The Embrace，即初次擁抱之意），並且新產生的吸血鬼被看作是對其「初擁」的吸血鬼的後裔。而初擁的前提為必須先被咬兩次，第三次的時候如果吸血鬼願意，那麼就會開始「初擁」。

部分傳說認為吸血鬼不能直接進入受害者家中，除非收到對方的邀請。需要進入被害人房間吸食血液時，他們會用類似催眠的能力，先使被害人睡著，才進入房間。

那麼吸血鬼究竟是怎麼來的呢？關於吸血鬼的起源說法不一。因為被另外一個吸血鬼吸血似乎是變成吸血鬼的唯一途徑，這樣一來，最初的那個吸血鬼的產生就很難解釋。COUNT DRACULA（德拉克拉伯爵）一般被認為是第一個吸血鬼，這大概要歸功於Bram Stoker成功的文學作品。這位被稱為「鬼怪小說之父」的愛爾蘭作家為我們確立了一整套的吸血鬼世界觀，使吸血鬼文化產生了巨大轉變。

最早的吸血鬼形象難以確定，但一般來說，有以下兩種論點：

1、該隱（聖經，創世紀4：1－16），因殺兄弟而受上帝詛咒。

2、加略人猶大，出賣耶穌的門徒，後來因為後悔而自殺（聖經，馬太福音27：3－5）。傳說上帝使他不死，永遠孤獨，用作懲罰他。所以，現在的吸血鬼，都須保持神祕，永遠孤獨。

有推測表示吸血鬼的故事最早來自遠東，商人們透過貿易航線把傳說帶到了東歐，誕生了現代版本的吸血鬼神話。斯拉夫語地區的吸血鬼民間傳說最多，英語中第一次出現這個詞是在1732年。那時爆發了大規模的狂犬病，有人認為，當時歐洲應該已經有吸血鬼神話了，因為相當多的症狀與其較為相符：畏光，討厭刺激性的氣味，臉色蒼白，有口部肌肉抽搐想咬東西的慾望（訛化為尖的牙齒並善於咬人）等等。

目前比較公認的關於吸血鬼的解釋是：被認為是吸血鬼的人實際上是血卟啉病（血紫質病）患者。血卟啉病又稱血紫質病，是由卟啉產生和排泄異常所引起的代謝性疾病，多有遺傳因素。

先天性紅血球紫質缺乏症，因缺乏合成血紅素之酵素，造成前驅物之一「紫質」的累積。紫質會累積在血液及尿中，尿液會呈紅色，且因為紫質具強力的吸光性，病人皮膚會對光敏感，牙齒會出現螢光，亦會造成貧血。

根據卟啉代謝紊亂的部位，分為紅血球生成性血卟啉病、肝性血卟啉病。本病多見於嬰兒，成人也可發病，稱為遲發性皮膚血卟啉病。此病患者怕光（光照後會引起皮膚潰爛、結痂、大面積黑色素沉著。），對大蒜過敏（大蒜的刺激性氣味能引起病發），眼珠呈紅色，補充血紅蛋白有利於緩解病情。少數偏激患者認為飲用鮮血可以補充血紅蛋白，從而引發了吸血鬼傳說。

近期的流行文學中較常見的一種解釋方式則為病毒說，首見於科幻小說——我是傳奇。此種學說假設吸血鬼是由病毒感染而變成基因改變的人類而成，此種病毒多被假設成會破壞被感染者的自我生產血染功能，同時有著幫助各種血型的血液混合的效果。

傳說中吸血鬼能變身成動物或煙霧，可能是指動物和煙霧能傳染狂犬病影響而產生的說法。由體液和血液傳播，因此在咬吸血液的行為時，會傳播到被吸者體中。

此種說法多以病毒本身已經因為難以傳播而絕種，來解釋吸血鬼不再存在的原因。但反過來說未來也可能因為開發生化武器而變成威脅全人類的安全，也衍生了很多喪屍故事。

「凶宅」裡的祕密

中國自古就有住宅風水一說，
那麼，如果風水不好，會怎麼樣呢？
霉運就可能接踵而來。

讀過美國暢銷小說《凶宅》的人一定會被其中驚險怪誕、撲朔迷離的情節所深深的吸引。在國外，The Haunted House（有幽靈出沒的屋子）是小說家和影視作品的極好題材，同時也是旅遊的一個最好去處。在中國，自古以來，有關「凶宅」的傳說也層出不窮，蒲松齡所著的古典名著《聊齋志異》中，有關「凶宅」的描寫更是引人入勝、扣人心弦。不僅如此，在現實世界中，還存在著四大「凶宅」的說法，這四大凶宅就是：

1、埃及：在埃及一座高大的法老墓附近，有一幢「一戰」時期英國軍隊修建的兵營。當英國士兵入住3個月後，就接連有人出現身體顫抖、口齒不清、牙齒脫落的症狀，一直發展到雙目失明，最後全身扭曲一團，在強烈的的抽搐中發出悲慘的嘶叫聲痛苦的死去。當地人認為，「凶宅」是因為居住者觸犯了在地下已安眠幾千年的尊貴無比的法老。

2、美國：有一處有名的凶宅在美國邁阿密，那是早期白人殖民者用一種黏土以「乾打壘」的方法建成的住宅。但是最早的主人很快就放棄了這座建築。因為他們在這裡住上兩個月，就出現了咳嗽、胸痛等症狀並逐漸加重，夜裡還被一雙魔爪拼命壓住胸口，幾乎窒息而死的感覺。離開這裡後，症狀很快就消失了。

3、印度：在印度也有這樣的凶宅，並且不止一幢，而是連成一片的住宅群。傳說那些人在死去的時候，撕破自己的衣服，抓爛自己的皮肉，含糊不清而又聲嘶力竭的呼叫著人們並不認識的某個人的名字。當地人認為死者所指的那個人是一個古老的神靈，而那片地方就是神靈的領地。

4、比利時：以上三座「凶宅」因為年代較為久遠而被罩上了一層神祕的面紗。而在比利時一座著名的凶宅只建造50餘年，完全是當代文明的產物。

這是建在布魯塞爾遠郊的一幢現代化別墅，主人在搬進別墅後不久就出現程度不同的頭痛、精神恍惚，女主人甚至出現嚴重的精神錯亂，最終跳崖自殺，別的人搬出別墅後精神病狀竟不治而癒。

那麼，世上真有「凶宅」嗎？如果世界上的四大凶宅是真的，這又是怎麼回事呢？

美國和歐洲一些國家的地質生物學家透過對美國、英國、比利時、印度、埃及等國家的20多座「凶宅」進行實地勘探，得出了這些結論：

一、「凶宅」與重金屬、放射性元素有關

有些「凶宅」是地基有重金屬礦脈隱藏，或附近有排放有毒重金屬加工廠的存在所致；還有一些住宅由於地下有一種無色無味的放射性氣體「氡」，不時向地面放射，同時透過人的呼吸道進入並沉澱在肺組織中，破壞人的肺細胞，從而引起肺癌以及其他呼吸道方面的癌症。

印度曾發現過這樣的「凶宅」，凡居住在這類「凶宅」裡的人，過不了多久就會得上一種怪病，口齒不清、表情呆滯、手腳發抖、雙目失明、精神錯亂，最後全身扭曲而死。此事在印度全國上下鬧得人心慌慌，對此印度政府特地派出一個專家小組進行實地調查，經過認真仔細的分析取證，最終得出這樣一個結論：死者是因汞中毒所致。

原來這些「凶宅」附近都有水銀溫度計廠，由於環保措施滯後，放任水銀溢出滲入地下，嚴重污染了地下水源，從而釀成數人死亡的慘劇。

對美國邁阿密的那處「凶宅」勘探化驗發現，「凶因」來自造房子的那種灰白色黏土。這種黏土富含肉眼難以發現的矽塵，而人在不知不覺中吸入後，就會發生呼吸道反應。埃及那座「凶宅」的成因是因為當年的法老為了使自己的陵墓得到保護，在墓室的內壁塗刷厚厚的藍色灰層，這種由多種岩石研磨而成的粉末，含有汞和鈷等可怕的有毒物質。

使人死於非命的是他們飲用了取自法老墓地下一口水井裡的水，因此遭受了汞中毒和鈷的放射性輻射，這種在體內骨骼、臟器、神經細胞沉積的毒素，就是停止飲用這種水也無法徹底清除。

二、「凶宅」與不良的地質因素有關

在不少城市中的工業區內，整個地面上都是密密麻麻如蜘蛛網似的地電流穿過，以及局部性的磁力擾動，遍及面更廣。如果在這種地電流與磁力擾動交叉的地方建造住宅，便會導致對人體損害極大的電磁波，輻射到住宅內，造成居住在這裡的人們產生精神恍惚、驚慌恐怖、煩躁不安和頭疼腦昏以及失眠等症狀。

比利時布魯塞爾遠郊的那幢別墅，是因為對面山丘上有一處封閉的軍事重地，那裡有自「二戰」期間建立起來，並不斷進行技術改造的一個雷達站，雷達站發射功率極強，因

三面擁立的石壁阻擋著電磁波的延伸擴散，交叉反射投向別墅，住在裡面的人一天24小時幾乎要接受48次電磁波的強烈震盪和「射擊」。

上述結論似乎是給出了凶宅的結論，卻並沒有讓人信服。有關「凶宅」是否真正存在的爭論，一直是沸沸揚揚、莫衷一是。為什麼「凶宅」並沒有幽靈的傳說，可是一旦有人住進去，就會大難臨頭呢？不是得了重病九死一生，就是與死神相吻一命嗚呼？

又見幽靈

抬頭不見，低頭見。一不小心，幽靈又現。

照片中的鬼魂

地板擦得越亮，鬼影越清楚！

第一次世界大戰期間，在英國弗蘭普頓的瑪格麗特・謝里登家的祖宅裡。她父親是英國陸軍軍官，在德國前線服役，母親把她和哥哥帶到弗蘭普頓宅等候父親的消息。瑪格麗特後來這樣寫道：

「到了吃茶點的時候，我下樓到客廳去，在樓梯遇見了一個男孩，身穿白色水手服，頭戴圓草帽。他看了我一眼，我也看看他，大家沒說話就走過了。保姆跟我說過多次，不許隨便跟陌生人談話。我猜想他一定是來陪我玩的。

我剛到客廳就興高采烈的叫道：『我看見一個小水手

呢！』沒人接腔，我又說一遍，依然是一片令人不安的沉靜，祖母雙手發抖，只叫我吃塗了奶油的烤麵包。此事過後很久我才知道，那個小水手出現會為謝里登家帶來不幸。

原來他是我家一位先人，生前當海軍見習軍官時溺斃。此後他的『鬼魂』只在家族繼承人臨終時才在弗蘭普頓出現。奇怪的是，依他的畫像看來，他是個十六、七歲的少年，但我看見的分明是個小孩，年紀跟我差不多。」

過了不久，噩耗傳來，瑪格麗特的父親在前線陣亡。精神病學家認為，「鬼魂」是潛意識的願望、未解除的罪惡感、零碎的想像等混雜後的表現形式。無獨有偶，在20世紀70年代西班牙的一個小村莊也發生了類似有關「鬼影」的事情。

1971年8月一個炎熱的早上，西班牙南部離柯多瓦市的貝爾梅芝村，一個老婦和她的幼孫正在廚房裡閑坐，突然間，小孩子緊張的大叫起來。他看見一個突然出現在粉紅瓷磚上的臉孔，表情無限淒慘。家人趕緊去擦，只見眼睛越擦越張得大，面容變得更加淒慘，更令人毛骨悚然。

家人驚慌失措，便把地面上的瓷磚掀去，改鋪混凝土。但三個星期後，第二個臉孔出現了，而且比第一個更加清晰。後來政府開始調查，當工人們把地面掘起，才發現地下是一個中世紀的墳場。同時，第三個，第四個臉孔陸續出現。廚房鎖了起來並加了封條，可是四個臉孔在房屋的其他地方又同樣神祕的出現，其中一個是女的。

隨後，異像消失，其消失的突然猶如其出現之突然一般。伴隨臉孔的出現，答錄機錄下了人類聽不懂的聲音——怪異的語言和悲苦的呻吟，跟地面鬼臉的痛苦神情正相配合。專家推測這間屋子裡可能曾發生過與中世紀某種巫術有關的悲劇和意外。

專家的如此推測是不是就是承認了鬼魂的存在呢？在拍得的照片中發現了清晰的額外人像或物像，讓鬼魂之說更加神祕。

有人說，照片中的「鬼影」證實了「鬼魂」的存在，另一些人則認為，那些影像可能是一種看不見的力量所為。種種解釋雖然有其合理的成份，但是仍然不能令人滿意。鬼影之謎仍在繼續。

鬼魂索命

在美國的歷史上，
這次事件是唯一被官方承認的
惡靈索命致死案件。

傳統意義上的鬼魂總是靜悄悄的出現在你身邊，但是出現在田納西州紅河畔的惡靈，顯然不屑於這種無聲的快感，它所到之處皆是雞犬不寧，聲響不斷。1817年，它在紅河畔首次降臨。根據官方司法檔案，故事的序幕拉開了：

一天，農戶主人約翰・貝爾看見玉米田裡有一隻形狀古怪的狗，開槍打中了它，但當他上前撿拾那隻狗的時候，卻什麼也沒有看見。幾天後，貝爾跟兩個兒子同時看見橡樹高處有隻怪鳥，貝爾瞄準怪鳥開了一槍，它似乎掉了下來，但兩個兒子跑到樹下時，仍然什麼也沒有找到。

於是夜裡，貝爾家的屋子中成了噪音的源頭：敲窗，撓門，踏地板，就連床柱上也出現了被老鼠啃過的痕跡。再後來，貝爾家的小女兒貝特西在臥室中突然遭到莫名力量的襲擊，被無形的力量扯著頭髮吊在半空中尖叫，她的父母看著飽受折磨的孩子卻無計可施。

貝爾家鬧鬼的事，引起了大眾的注意。田納西州及附近肯塔基州的驅魔大師和招魂術士，都蜂擁到紅河畔這個名叫亞當士的小鎮上來。甚至連未來的美國總統——當時還是將軍的安德魯·傑克森也來到了貝爾家，結果也是被惡靈趕出了貝爾家的大門。

後來，約翰·貝爾發現所有現象的源頭都指向了自己的鄰居，一個被公認的女巫：凱特·巴茲，自己曾和這個女人因為一些生意上的事情而交惡。凱特也因此詛咒了約翰和他的家庭。事實上，雖然約翰沒有遭受貝特西那樣的折磨，但是他的健康狀況在惡靈侵擾後的四年中每況愈下，最終不幸辭世。但也有人稱約翰是被毒藥謀殺的。

儘管約翰死了，但是惡靈還是惡毒的說出了詛咒：七年之後，我還會來復仇！之後的小鎮平靜了下來，七年之後的復仇也遲遲沒有到來。直到135年之後，惡靈回來了，而且從此一步不離，甚至很多來此的遊客也成了它襲擊的對象。

倫敦塔裡的鬼影

斷頭台旁，古堡之內，
百年來不斷有鬼魂在此遊蕩徘徊，
似乎不捨得離去。

在倫敦泰晤士河畔有一座古老城堡——倫敦塔，這座古堡不僅有著悠久的歷史，而且至今還瀰漫著濃重的血腥氣，長久以來，這裡一直是傳說中鬼魂出沒的地方。這裡面隱藏的什麼祕密呢？古堡中的鬼魂是誰呢？

倫敦塔始建於西元11世紀，建造者是當時的英國國王「征服者威廉」，這座以白塔為核心的城堡建築群曾做過皇家宮殿、監獄、造幣廠、刑場、軍械庫。從建立之初就有數不清的人在城堡內喪命。在它的地下土牢裡，有各種殘酷的刑具，而堡外的塔山則是家喻戶曉的斷頭台。從此無數的鬼魅似乎就順理成章的徘徊在倫敦塔內，許多人都聲稱自己曾親眼目睹過這些遊蕩的鬼魂。

倫敦塔內最有名的鬼魂，也是塔內第一個顯赫的受難者，王后安妮・博林——亨利八世的第二位妻子，她由於被控犯有叛國罪和通姦的罪名，於1536年5月19日，在塔內綠地上被斬首。臨死前她的丈夫英王亨利八世滿足了她最後的一個願望——用劍而不是斧頭行刑，為此亨利特地從法國加萊物色了劍客充當劊子手。在她死後不久就有人聲稱看到她的鬼魂一襲白袍逡巡在塔內的綠地和回廊上。

另一個有名的鬼魂是馬格利特女伯爵，為了掃除政敵，亨利八世以叛國罪宣佈處死她，1541年5月28日，年近七旬的老公主被押上了刑場，但她秉性剛烈，絕不肯跪伏在斷頭台上，不僅如此，劊子手剛剛向她走來，她竟然拔腿就跑，但很快被劊子手一頓亂砍，頃刻殞命。於是每年的5月28日，塔內的看守員都說可以聽到垂死女伯爵痛苦的呻吟聲。

許多個夜晚，塔內的守衛都報告說，曾在城堡西南方的「血塔」附近，看到過兩個身著睡衣的小孩子的身影，更為奇怪的是他們還手牽著手！熟悉英國歷史的人明白，這正好印證了500多年前發生在這裡的一宗離奇命案：英王愛德華四世1483年去世後，他的兩個兒子——愛德華五世和弟弟約克公爵被送到塔裡等待繼承王位。可最後他們卻在塔內神祕失蹤，而他們的舅舅理查成了英國國王。直到兩百年後的1674年，工人在整修塔內階梯時從磚石中發現兩具小孩的遺骸，幾乎可以確定正是當年失蹤的兩位小王子！

那麼，這些難道真的是鬼魅作祟嗎？

2003年，赫特福德郡大學的學者們攜帶最先進的物理電磁感應儀器對倫敦塔內諸多「鬼魅」頻繁出沒的地區進行調查發現，塔內某些地點磁場異常強烈，某些地點建築格局造成了氣流通過時速度較高，而且會發出空氣在隙穴中的嘯叫，此外，光線的昏暗客觀上可能對人產生了心理暗示的作用。於是科學家們得出結論：「鬧鬼」事件都是環境造成的，倫敦塔內某些地點的磁場異常、空氣流動以及次聲波，加上昏暗的光線，特別容易激發起人們內心深處對幽閉環境的恐懼感，如果再聯想到數百年前塔內發生過的種種血腥事件——包括死刑和謀殺，就很容易相信自己發現了鬼魂。所謂「鬼魂」只不過是人的大腦對現象的解讀。

科學家的解釋並不能令人滿意，倫敦塔內的鬼魂究竟是真是假？即使是現在，在城堡的某些通道裡，人們常常會感到莫名其妙的陰風襲來，而且還能聽到囈語般的囁嚅聲，更有甚者還曾看到過白花花的影子若隱若現……

警察局鬧鬼

你的屋子遇到「鬼」了，
你可以打110，那麼警局大樓鬧鬼，
員警該找誰呢？

只聽說過普通百姓家鬧鬼，然而，誰又能想到警察局竟然也會鬧鬼呢？而且員警竟然被嚇壞了，這是怎麼回事呢？

據美聯社和美國廣播公司報導，有段時間，謝比維爾市警察局大樓彷彿成了間「鬼屋」，在寂靜的晚上，樓梯間的門會自動打開；白天上班時，辦公桌的抽屜有時會自己跳出來；此外他們還聽到一些奇怪的走動聲。

據報導，這幢紅色磚牆建築始建於183年前，剛於去年底進行重新裝修後成為當地警方的辦公大樓，謝比維爾市的員警是在今年初才搬進這幢房子的。據謝比維爾市警察局警官約翰・威爾森稱，在這座員警大樓剛被使用後不久，大樓內就接連發生了「怪事」。

一天晚上當他值夜班時，他看到左邊一扇門突然無風自開，威爾遜道：「就像有個隱形人在打開它一樣。」接下來的一些天，威爾遜和其他警官經常能聽到敲門和敲牆聲，此外他們在值夜班時還能聽到樓梯上有人走路的腳步聲，而事實上那兒根本不可能有另外的人。

令人啼笑皆非的是，對罪犯並不畏懼的美國員警卻被這間所謂的「鬼屋」給嚇壞了，謝比維爾市警察局長斯圖亞特・謝利說他手下的官員已被此事折磨得疑神疑鬼、「疲憊不堪」。據報導，威爾遜已經聯繫了「捉鬼隊」——美國路易斯維爾的「科學研究幽靈追蹤小組」前來幫忙。

「科學研究幽靈追蹤小組」的負責人斯蒂夫・康利不相信員警大樓會「有鬼」，康利說：「在99％的情況下，這些所謂的奇怪現象都可以得到正常的解釋，譬如，由於這座員警大樓是新裝修的，其中一些窗戶和門鍊也許會有鬆動現象等。」

99％的情況可以找到解釋，那麼，那1％的不可能的解釋又能說明什麼呢？究竟是什麼在作怪？

與鬼交歡

日有所思夜有所夢，
但是如果夢到與鬼魂交合，
那又說明什麼呢？

《紅樓夢》第十二回「王熙鳳毒設相思局，賈天祥正照風月鑑」中有這樣的情節：賈瑞被鳳姐兩番捉弄後，大病在床。這時，一個跛足道人給賈瑞一面鏡子——風月寶鑑，聲稱只照它的背面，不照它的正面，就可治好賈瑞的病，風月鑑的正面是笑臉盈盈的鳳姐，背面是俗人的骷髏，但賈瑞反其道而行之，結果一命歸陰。這只是文學上的描寫，現實中會發生這樣的事嗎？有這樣一則醫學訊息：

一個20歲左右的女子，有一段時間整天躲在屋裡，不知在和什麼人說笑。她的母親發現以後，再三追問，她才吞吞吐吐的告訴母親，一年來經常在睡夢中覺得有鬼來與她交合。

母親恐怕有壞人做怪，就搬過去和她一起睡，但從未發現有人進屋，但她卻說鬼還是來過。她以為女兒是中了邪，要放鞭炮才能驅鬼怪。但是試了之後，還是不見效果。鬼魂的有無到現在還沒搞清楚，竟然又出現了與鬼魂交合之事？

早在隋代，著名醫學家巢元方就在＜＜諸病源候論＞＞中詳細地介紹了鬼交的症狀：「其狀不欲見人，如有對娛，獨言笑，或時悲泣。」巢元方又說：「婦人與鬼交通者臟腹虛，神守弱，故鬼氣得病之也。」

凡是夢與鬼交的人，其氣弱神衰是重要的內因。身心強健，「風邪鬼魅不能傷之；」若攝衛失節，而血氣虛衰，「則風邪乘虛鬼幹其正。」有一位女士與丈夫感情如膠似漆，形影不離，誰料想丈夫突遇車禍身亡，她悲痛欲絕，茶飯不思，身體急劇消瘦，形神俱傷。就在她情緒敗壞，神經極度衰弱之際，便發生了夢中與丈夫交合的事情。

如果這種不正常心理進一步發展，就會出現病態性幻覺。患有精神病、癔病、癲癇的人，都有可能在沒有外界刺激的情況下出現性器官上的幻覺，於是便信以為真，有人會自稱是鬼的妻子，甚至還認為自己已經懷孕。

患有陰道炎的婦女，局部奇癢難忍，入睡之後，存在於大腦中的這種癢感就有可能透過神經反射，以鬼交的形式出現。

不過，大多數鬼交症都沒有發展到病態的程度，它只是

「思春」心理在妙齡少女潛意識中的反映。處於青春發育期的年輕人性意識開始啟動，對異性產生愛的感情，並且產生性衝動。但他們對此並不敢有所流露，尤其是女性壓抑的更加厲害。到了夜晚睡熟之後，這種壓抑的性欲本能就會得到釋放，透過夢境中的交合使自己的性需要得到滿足，所謂日有所思，夜有所夢，鬼交也符合這個道理。

科學的解釋似乎有道理，如果已經到了鬼交的程度，就證明性渴望遭到嚴重的壓抑。鬼交是種虛幻的心理現象，如果處理不當的話，鬼魂真的就要來了。

人骨能殺人於無形

只要被殺人骨指過，
即使逃到天涯海角，
也是難逃死劫。

1953年，澳洲北澳區有個土人從故鄉安恆地由飛機送到達爾文市的一家醫院。他既沒受傷或中毒，也沒患任何已知的疾病，卻奄奄一息。在醫院勉強維持了四天，第五天死去。原來他是美利族人，因犯了族規而需接受族人的審判。但他拒絕出席，逃離故鄉，於是族中殺手便製成一根殺人骨，對他進行追殺。他被殺人骨指過後，雖然住進醫院，但仍難逃一死。殺人骨是什麼，竟然具有如此威力，如此之歹毒？

17世紀荷蘭航海家發現了澳大利亞這塊孤懸海外的陸地，在這裡，他們發現澳洲土著人的一種神祕的殺人方法，能夠殺人於無形，那就是「骨指術」。

據說那些用人骨和頭髮製作的工具附有超自然的力量，澳洲土人用它施法執行死刑。這種骨指的方式，殺人者不需與受害人有身體方面的接觸，但只要被這人骨指過，再尖聲念出一串咒語，受害人便猶如長矛刺心，在劫難逃。

殺人骨可用人骨也可以袋鼠骨或木頭製成，樣式因族而異。要想使它生效，必須舉行複雜的儀式才能賦予它強大的超自然力量。而婦女和非本族的外人是無法知道這種儀式過程的。

在執行任務過程中，殺人者需穿一種用白羽毛和人的頭髮製成的鞋子，尋獲逃犯後走到離他較近的地方，其中一人跪在地上，將殺人骨像手槍一樣握在手裡，對準並指向犯人，再念出一串咒語，便算完成任務並立即離開。據說這種殺人方法永不失手，而且不留任何痕跡。

1969年4月，土著人韋布因來福槍走火打死了一個同族人。法院因係意外事故判他無罪。但族人卻要他接受族中審判，韋布立即逃走。族人在缺席審判中判他死刑。

韋布帶著妻子、女兒和三隻狗，駕駛一輛小貨車，在澳洲一個又一個城市流亡，全家人住在車上，夜裡睡覺時身邊也放著來福槍。白天以打工為生。他說，族中的殺手必然要用殺人骨來對付他，為了防備被殺手的殺人骨指中，他一有風吹草動就立即逃離。到1976年，他已逃亡了七年。

然而為什麼單單靠一根骨頭的指向，就能夠使人嚇得渾身發抖，昏倒在地，進而痛苦的死去呢？有人說，這是因為被指的人因極端恐懼，而產生一系列不良的生理反應：如血流量減少，血壓降低等而導致死亡。但是澳洲昆士蘭北部曾有一個卡納卡族人，自從被骨指後就去找醫生檢查，身體各方面正常，但他也沒活幾天就死去了，這又怎麼解釋呢？看來這種殺人於無形的方式，至今仍是個難以說清的謎。

可怕的巧合謎團：
真的是巧合抑或冥冥中註定

巧合是什麼？是命運？

命運是自己的命由自己來運。

然而一旦運得不當呢？或者造化弄人呢？

究竟是誰在操控著我們？

生與死

生死誰能定，茫茫問蒼天

子彈的記憶

善惡各有報，不是不報，
而是時辰未到。

人和動物有記憶，這是眾所周知的。然而，有誰能想到子彈也會有記憶。它知道自己的目標在何方，只要鎖定目標，無論遇到什麼阻礙，只要它存在，它就必將擊中目標。

1893年，在德州經營霍尼克洛烏牧場的亨利·席格蘭特結婚後，又喜歡上了另外一個名門閨秀。席格蘭特感到十分的苦惱，於是對妻子梅莉感到十分嫌惡。他看她的一切都不順眼，覺得她既長得難看，又沒有什麼趣味。她一點也不可愛。整個人沒有一點值得讓他欣賞的地方。這個時候的席格蘭特，已經完全忘記了自己當初是如何追求現在的妻子的。

正因為如此，席格蘭特對待自己的妻子十分冷淡無情，經常無辜打罵。這讓可憐的梅莉經常獨自哭泣，她不知道究竟發生了什麼事情，她也不知道丈夫怎麼突然間就不愛她了。終於有一天，梅莉傷心的自殺身亡了。

梅莉的兄長對於席格蘭特的行為感到無比憤恨，他知道是席格蘭特害得梅莉自殺的。他發誓要為梅莉報仇。於是有一天，梅莉的兄長就帶著手槍向席格蘭特開了槍，子彈從席格蘭特的臉頰擦了過去，擊中了身後的一棵大樹。但是，梅莉的哥哥以為自己殺死了席格蘭特，接著就舉槍自殺了。席格蘭特終於跟自己心愛的人在一起了。

事情經過了20年之後，有一天，席格蘭特要把那棵大樹砍倒，但因樹太硬，不容易砍倒，於是他就用炸藥來炸。當然，席格蘭特並沒有忘記，20年前從臉頰上擦過的那顆子彈仍留在大樹上。他做好了一切準備之後，便點燃炸藥，當炸藥爆炸時，波及了這顆嵌在樹上的子彈，它彈了出來。正巧擊中了席格蘭特的頭部，席格蘭特終於一命嗚呼了。命運還是讓席格蘭特死在了這顆子彈下。

這顆子彈整整遲到了20年，或許它雖然在樹幹之中靜靜的等待了20年，然而復仇的靈魂已經附體，它必然有爆發的一天。

生死之交

無論是國王還是平民，

在死神面前是同一終點。

互不相識的兩個人，一個是高高在上的國王，一個是普通的平民百姓，兩人生平從未謀面，所有的人生軌跡卻異常相似。偶然的一次相遇，使兩人知道的彼此的存在，而這次偶然的相遇，也是唯一的一次人間相遇。

1900年7月28日，義大利國王翁貝爾托一世偕同副官抵達米蘭幾英里的蒙察，準備在次日一個運動會中頒發獎品。當晚，他和副官進入一家小飯館用膳。

店主聽候他們點菜時，國王發現店主無論在面貌或體格上都酷似自己，便對熱情的店主說：「您坐下來，我們談談好嗎？你長得太像我啦！」在閒談中他發現彼此有許多相同之處，他們兩人都感到不可思議。

兩人都是1884年3月14日生於同地，都叫翁貝爾托；同在1868年4月22日結婚，妻子都叫瑪格麗塔，各有一個取名叫維托里奧的兒子。翁貝爾托一世加冕之日，另一個翁貝爾托的飯館開張營業。

國王在驚異這些巧合之餘，問店主：「既然我們有那麼多的相同之處，為什麼我們以前從未相遇過呢？」

店主回答說：「事實上我們曾兩次同時獲得英雄勳章，第一次是1866年，那時我是一名二等兵，國王您則是一名上校。第二次是1870年，那時我們兩人分別晉升為中士及軍長。」

國王高興的對副官說：「我想明天給這個人頒發義大利王室騎士銜。切記要他出席運動會。」

次日，國王問起那個店時，獲悉他已於當日的一次槍擊中意外喪生。國王大吃一驚，連忙吩咐副官：「你去查明葬禮什麼時候舉行，我要親自參加。怎麼會這麼巧合呢？偏偏是這個時候？」就在這時候，有個刺客連發三槍，第一槍未射中國王，其餘兩槍卻穿過他的心臟，國王當場倒斃。

巧合，真的是太巧合了。怎麼偏偏是這個時候呢？難道上天安排他們的最後一次見面，就是讓他們見證自己的創造，然後就將他們一起毀滅？

萬幸中的不幸

本來是救命，誰知踏上黃泉路。

人生在世，永遠不知道下一秒究竟會發生什麼事。幸與不幸總是糾纏在一起，讓你不知所措。

1977年，紐約市有個男人，在街道上行走時，被一輛貨車撞倒。奇怪的是，他竟然沒有受傷。正當他覺得自己算是幸運，從地上爬起來準備離開時，一個過路人勸他說：「你躺在地上，不要動，假裝受傷。這樣，你便可以向保險公司索賠。」他覺得很有道理，於是又橫躺在貨車前面。

就在他躺下的時候，貨車司機以為他已經走開，便發動車子，結果貨車從他身上一碾而過，他在保險夢中一命嗚呼。

1983年，洛杉磯廠主路達史華茲，在颱風中，僥倖從狂風蕩平了的小型廠房中逃了出來，只受了輕傷。颱風後，他返回廢墟視察，一堵未被摧毀的磚牆突然塌下，將他壓在下面，他躲過了颱風，卻沒有躲過颱風的尾巴。

這種巧合不僅在美國發生過，歐洲的國家也不少。

1979年，英國列斯市26歲的商店售貨員和路達赫拉斯，由於一顆齲齒疼痛異常，而他又最怕看牙醫，於是請他的朋友在他的牙床骨外重擊一拳，希望把齲齒打落。他的朋友不好意思推卻，於是打了他一拳。不料和路達赫拉斯被擊中以後，站立不穩，頭部撞在一塊凸起的大石頭上，頭骨破裂而死。真是牙疼不是病，疼起來「真要命」。

1983年7月，一場風暴席捲義大利那不勒斯市。45歲的維多利亞路易士，在駕車回家途中，被狂風連人帶車吹落激流中，幾經艱辛，他才打破車窗，掙扎上岸。正當他為自己慶幸時，一株大樹被狂風連根拔起，剛巧擊中他的頭部，他因此而喪命。

沒有什麼不可能。這正應了「禍兮福之所倚，福兮禍之所伏」這句話。在沒有真正脫離險境之時，不要隨隨便便慶幸。

命硬，由不得自己

連剋五位審判官，誰是下一個？

如果一個人的命硬，就是說他的生辰八字特殊，本命強勁，不易受到刑剋，適於生長，但是他卻可能剋死自己周圍的人。

英國伊斯特本的勞工領袖布萊克曼，因為與妻子性格不合而離婚了。離婚時法院要伊斯特本付贍養費給妻子。但是，布萊克曼一直不肯付這筆錢。他覺得既然已經離婚了，就應該自己養活自己，怎麼能再讓他付錢養她呢？這太不公平了。布萊克曼的妻子因此上訴法院。離奇的是，那些判他付錢的法官，一個個遭到了厄運。

布萊克曼堅拒付贍養費，所以在1922年4月首次遭到起訴，並被判入獄。審判他的一名地方法官名叫杜克，不久就去世了。

雖然如此，布萊克曼仍拒絕付錢，因而再遭判刑。聆訊後，地方法官莫林諾斯郎莫名其妙的得了重病，很快就逝世了。

布萊克曼第三次為此事出庭受審時，在宣判後幾分鐘，地方法官法內爾突患腦溢血，不省人事，就此與世長辭。

布萊克曼仍堅持自己的觀點是對的，就是不付贍養費，於是又於1923年10月在伊斯特本郡法院由法官麥卡尼斯審訊。他再度入獄。這位法官因此而死亡。布萊克曼出獄時，正趕上這位法官的葬禮。

1924年7月末，布萊克曼五度被判刑。布萊克曼讓法院的人傷透了腦筋。到9月間，審訊此案的一名地方法官赫爾比也沒有任何徵兆的死了。

有記者採訪布萊克曼，問他為什麼會有如此奇怪的事發生，這些事情是不是與他有關。

布萊克曼就5名法官的死亡事件表白說：「那可能只是個無意義的巧合，我對他們絕無半點惡意。這些事情跟我沒有任何關係的。我不想害人，只是不想付贍養費而已」……

不合時宜的思念

距離，拉不開死亡的召喚。

姐妹情深，人之常情。然而有一對姐妹由於思念的不合時宜而導致一場悲劇的發生，最終同赴黃泉路。

居住在美國阿拉巴馬州的多里斯和謝拉姐妹倆平時都特別忙。兩人都有自己的公司，再加上各自有兒女，所以平時難得見面。

雖然如此，姐妹倆的感情還是非常好的。小時候兩人一起上學，一起下課，一起上床睡覺，形影不離。無論買什麼吃的穿的，都是一人一份。兩人好得就像一個人似的。有人欺負其中一個了，另外一個絕對會出面。爸媽說她們兩個是影子姐妹。鄰居們也說很少見過關係這麼好的姐妹。

兩人漸漸的長大了。兩人都出嫁後，住的地方離得比較遠。這使得她們很少有時間在一起了。不過，她們還是會忙裡偷閒，抽空去找對方的。

這一天是星期天，多里斯突然很想見見妹妹。她想，自己都快一年沒有見到妹妹了，現在自己先不打電話找她，要給她一個驚喜。於是，多里斯化了個淡妝，穿上了妹妹最喜歡自己穿的衣服，收拾好東西。

提著手提包的多里斯快出門時才對正在看報紙的丈夫說：「我要去拜訪一下我妹妹。我突然很想看到她。孩子就由你照顧了。」丈夫爽快的答應了，並且說了聲：「路上開車小心呀！」

於是，多里斯開著汽車從家中出發，沿第25公路朝妹妹家中行駛。很巧的是，妹妹謝拉也很想見姐姐，也開著車去姐姐家，準備給姐姐一個驚喜。然而，就在路中間的某個路段，這對姐妹倆的車子突然不知怎麼回事，就互撞在一起。姐妹倆當場死亡。

自殺薄情郎

到底是誰該死，巧合中有註定。

自古薄情多命舛，「婚外情」氾濫的年代，不合理似乎也變成了合理。然而，天理自公正，合理的就是合理的，不合理的永遠也合理不了。

在一個非常偶然的情況下，捷克首都布拉格的維拉•捷馬克，發現了丈夫藏著的一個漂亮女人的相片與信件。維拉渾身顫抖著把這些信件看完了。

從這些信件中，維拉知道，她的丈夫與這個女人是在一次旅遊的途中認識的，他們之間已經有了三年的婚外情。如今，這個女人要逼丈夫向自己攤牌離婚。

維拉看了這些信件後，感覺自己渾身冰冷。她是多麼愛自己的丈夫呀。可是，丈夫卻如此對待她。回想起自己與丈夫戀愛的每一個情節，都讓她痛苦萬分。她現在終於明白了丈夫近幾年的異常行為，說公司加班，經常凌晨才回家；很多星期六星期天都要出去，說是去見客戶。她原來毫不懷疑自己的丈夫，因為她是那麼的愛他、信任他。可是，沒想到事情原來是這樣，他竟然是與情人約會。

承受不住這突如其來的打擊，維拉想到了自殺。她寫了一封遺書，憤怒的譴責了丈夫的負心。然後，就從三樓跳了下去。她以為自己就此要告別這個世界了，可是，她正好落在了一名剛剛從公寓底下走過的男人身上，誰知維拉只受了點輕傷，那個男人反而死了。維拉爬起來一看，這個男人正是她已變心的丈夫！婚外情，天也不饒過。

「黑寡婦」的巧合

三任丈夫都在婚後離奇死亡，

是巧合還是謀殺？

在美國德克薩斯州達拉斯市有一位桑德拉・鮑爾斯女士，曾經三次結婚，三任丈夫也都在婚後先後離奇死亡。而桑德拉則一次次得到了巨額的保險金。

桑德拉在20幾歲時和第一任丈夫牙醫大衛・斯泰加爾結了婚，但婚後沒多久，她的丈夫就開槍自殺身亡，桑德拉因此獲得了一筆豐厚的保險金。

兩年後，桑德拉又嫁給了一名來自石油家族的男子鮑比・布里德威爾，但4年後，鮑比死於癌症，桑德拉又繼承了一筆豐厚的遺產。

1984年，桑德拉又嫁給了銀行家艾倫・里赫里格。但婚後1年，艾倫就和桑德拉分居了，不久，艾倫被人射殺在自己的汽車裡，警方至今都沒有找到殺死艾倫的兇手，而桑德拉再次領到了10萬美元的保險賠償金。

原本人們並沒有將這幾位丈夫的死與桑德拉聯繫起來，直到她因涉嫌欺詐罪被警方逮捕，警方在調查過程中才發現，她的前三任丈夫竟然全都在婚後離奇死亡，怎麼會如此巧合呢？由於缺少有力的證據，警方雖然懷疑桑德拉是專門殺夫謀財的「黑寡婦」，但也只能是懷疑而已。

特科抹人詛咒

尾數是零的年份當選的美國總統，

將遇上危及生命的大災大難，死於任上。

美國政府在美洲無所顧忌的征伐，沒想到竟然為將來留下了莫大隱患。

傳說1811年，美國將軍威廉・亨利・哈里森率領的軍隊，在蒂皮卡諾大戰中一舉擊潰了著名的美國印第安人首領特科抹人和他的軍隊，並對印第安人實施了殘酷的屠殺。憤怒的特科抹人對美國人施加了咒語。

詛咒是這樣說的：我告訴你，哈里森將死。繼他之後每隔20年，每個在尾數是0的年份當選的總統都必須在任上死去。美國每4年一任總統，所以每20年就有一任是在結尾數字是零的年份當選。

1840年，威廉・亨利・哈里森將軍在總統大選中獲勝。在就職演說當天，因天氣原因感冒，一個月後就因肺炎死亡。20年後的1860年，亞伯拉罕・林肯當選總統，剛上任不久就被槍殺。

在1880年大選中獲勝的詹姆斯・加菲爾德，上任四個月後就遭槍殺。1900年當選總統的威廉・麥金萊上任一年半後被槍殺。1920年，沃倫・哈定當選，在旅行途中突發心臟病而死。

富蘭克林・羅斯福1940年第三次當選總統，但在第四次當選總統後不久就因大腦動脈瘤不治身亡。最年輕的美國總統約翰・甘迺迪在1960年當選美國總統，於1963年遭槍殺。

「特科抹人詛咒」究竟是巧合，還是真有此事？

災與禍

碰巧與死神相遇，該怎麼躲？

地震走了，海嘯來了

災難接踵而至，是自然的憤怒，
還是人類的悲劇？

2003年12月26日，伊朗巴姆古城發生的強烈地震導致了2萬人死亡，震驚世界。一年之後的同一天，可怕的悲劇竟然再次重演。

印尼當地時間2004年12月26日上午7時59分，蘇門答臘島附近海域突然發生了強烈地震。位於美國科羅拉多州戈爾登的美國地質勘探局公佈的監測結果表明，這次地震的震級為芮氏8.9級。

一位來自印尼亞齊省的目擊者說，地震前天空晴朗，萬里無雲，沒有任何異常徵兆。但突然間，海邊的城市就遭到了巨浪襲擊。在部分地區，海水漲到了人們的胸口。

義大利地震專家恩佐・博齊表示，26日大地震「整個地球都在震動」，此次地震甚至對於地球的自轉運動都產生了一定的干擾。

美國地質勘探局的地質專家朱利斯・馬丁內斯說，如此強烈的地震近百年來都十分罕見。這是自1964年美國阿拉斯加發生芮氏9.2級地震以來的震級最高的地震，也是自1900年以來震級排名第5的強震。

根據美國地質勘探局網站公佈的資料，自1900年以來世界各國遭遇的最強烈地震是1960年發生在智利的地震，震級達到了芮氏9.5級，隨後分別是發生在阿拉斯加威廉王子灣（1964年，芮氏9.2級）、阿拉斯加安德莉亞諾夫群島（1957年，芮氏9.1級）和俄羅斯堪察加半島（1952年，芮氏9.0級）的大地震。

地震與海嘯就像一對孿生兄弟，相互不離左右。這次地震本身造成的人員和財產損失不大，然而地震引發的浪高達10米的海嘯，卻給許多亞洲國家的沿海地區帶來了可怕的災難。

罕見的強烈地震及其引起的海嘯在印度、斯里蘭卡、孟加拉國、印尼、泰國、馬來西亞、緬甸和馬爾代夫等國造成數千人死亡，受傷和失蹤者人數更是驚人。

北部的亞齊省，在最高達10米的巨浪襲擊下，數千人在驚慌中撤離家園。在印度泰米爾納德邦，迷人的海灘受到海嘯襲擊後簡直就變成了露天停屍場，海浪捲著屍體沖向岸邊，將屍體留在了沙灘上，慘不忍睹。據印度內政部長帕蒂爾公佈的資料，該國南部已經有至少2000人在海嘯和洪水中喪生。帕蒂爾說，在該國受災最為嚴重的泰米爾納德邦，已經有700至800人死亡。在另一個災情嚴重的安德拉邦，死亡人數也達到了200人左右。

海嘯形成的巨浪像一頭猛獸迅速撲向泰國南部地區，泰國著名的旅遊聖地普吉、攀牙和甲米府都未能倖免。位於馬來西亞西北的檳榔嶼州和吉打州共有42人被巨浪奪走性命，包括多名外國人。印度洋珊瑚島國馬爾地夫的首都馬累大部分地區被海水淹沒。馬累島上2/3地區被淹，部分地區水深達到1.2米。

是12月26日發生地震機率比較高，還是巧合，或是地震根本是難以捉摸，有待進一步的研究。

遭遇死神五連環

是命不當絕，還是死神不高興，沒時間？

海上環境變幻莫測，可能前一秒鐘還是晴空萬里，後一秒鐘風暴就席捲著驚濤駭浪而來，因此海難事故經常上演。

1829年10月16日晨，正是風和日麗的好天氣。英國「瑪梅德」號快速帆船載著21名水手，乘風破浪駛出了悉尼港。好天氣一直在持續，可是，到了第5天下午，烏雲密佈，天氣驟變。

入夜，狂風大作，海面上掀起了驚濤駭浪。一場大風暴刮翻了帆船，船員全部落水，他們拚著性命同狂風惡浪進行了頑強的搏鬥。

值得慶幸的是，幾個小時以後，筋疲力盡的船員們發現前方的海面上有塊突出的礁岩。大家紛紛朝它游去，攀上礁岩，等待救援。

3天以後，一艘名叫「斯依芙特修阿」的輪船通過附近海面時發現了遇難者，把他們全部搭救上船。死裡逃生，人們非常的激動。

誰知到了第3天，「斯依芙特修阿」也遭到厄運，陷入了強大的海流之中，被捲上了淺灘，擱淺翻船了。

可是，非常巧合的是，過了8小時，「嘎巴拿・萊迪」號船從淺灘旁駛過，救起了兩艘失事船上的船員。

但是，災難並沒有停止。「嘎巴拿・萊迪」號僅航行了3個小時，船上突然發生火災，熊熊的烈火吞噬了一切。船員們幾乎都孑然一身，乘上救生艇倉皇逃命。他們在大海上漂流，又冷又餓。

突然有人喊起來，原來一艘澳大利亞政府的獨桅快艇「庫梅特」號遇到風暴在海上沉沒。命運似乎在戲弄他們。

18個小時之後，在海上掙扎的遇難者們又奇蹟般的被郵船「丘比特」號發現救了起來。人們以為這次能徹底的擺脫了死神。出乎意料，「丘比特」號又撞上了暗礁！5名船長和123名船員全都落水。

絕望之際，又出現了救星！英國客船「希蒂・奧普・里茲」號正好經過附近海面，船員第5次終於得救了。令人不可思議的是，在不到兩個星期的時間裡，竟然連續5次遇難，5次獲救，而且沒有一個人死亡！

更叫人吃驚的是，在「希蒂・奧普・里茲」號上有個身患重疾的婦女，生命垂危，彌留之際，頻頻呼喚兒子的姓名。醫生見狀，想找人頂替她的兒子安慰病人。正在這時，船員中有人自稱是婦人的兒子。果然，婦人一眼認出眼前正是自己闊別多年朝思暮想的親骨肉，頓時病情大癒……真是有驚無險。

電影的預言

虛構的影視片斷，說不定正在預示著什麼！

作為現代文明的產物電影，目前已經滲透到人們的生活之中。同時，為了吸引人們的目光，導演們絞盡腦汁的尋找各種題材，而災難片就是其中的最刺激的一類。

災難片的導演很多，如艾默里奇、多梅內克等等。然而最有傳奇預言色彩的可能要數編劇兼製片家艾倫了。

艾倫不僅專門拍災難片，而且他所拍的災難片在上演時往往發生類似的災難。

在電影《海神號遇險記》裡，大郵輪海神號在新年前夕遭遇大風浪，船整個被翻覆過來，船上大批乘客千方百計逃生。其中，以牧師吉恩・哈克曼為首的一組人在同心協力下越過重重障礙爬到水面上，成為少數戰勝災難的生還者。片子在1972年下半年上演，同年英國豪華郵輪「伊利沙白皇后」號沉沒。

1974年上演的《沖天大火災》描述摩天樓大火，這一年巴西有3幢摩天樓失火。如巴西聖保羅焦瑪大廈火災，死亡188人。

1980年，所拍火山爆發片《末日》上演時，美國華盛頓州的聖海倫斯火山爆發。美國西北部華盛頓州的聖海倫斯火山是旅遊者熟悉的景點之一，圓錐形的峰巒及其頗有特色的雪冠，隆起在一片美麗的森林景觀之上。1980年3月18日，聖海倫斯火山永遠的改變了它的外貌。

幾個月來火山一直隆隆作響，火山上空不時出現小片水汽和火山灰雲。人們雖然已預料到可能要發生火山噴發，但沒有人預料到，會釀成如此巨大的災難。當火山爆發時，它掀掉了山頂，留下一個巨大的裂口。燃燒著的火山灰和有毒氣體橫掃整個風景區，沿途一切蕩然無存。火山峰冰雪融化，挾帶碎石、泥沙的水流沖入山下谷地。

遭受破壞的地區綿延3萬2千米。聖海倫斯山的高度從噴發前的2950米減至後來的2560米。

這些神奇的巧合使得人們認定艾倫的電影是招災電影，儘管如此，人們還是對這一類影片情有獨鍾，對艾倫的電影更是如此。

永遠待在太空

無巧不成書，太巧了連小說都杜撰不出來

無論做什麼事，中國人都喜歡說吉利話，從而討個吉利。如果誰說了不吉利的話，就可能遭到應有的報應。有的人往往不信，終於一語中讖。

美國哥倫比亞號太空梭在高空分裂解體，導致7人死亡。這震驚世界的意外事件立刻令人聯想到十幾年前相差不到幾天、升空即爆炸的挑戰者號的悲劇。透過比較發現，兩者有著驚人的相似之處。這些巧合，簡直是小說也杜撰不出來的情節。

據「中央社」報導，紐約1010頻道「天天贏」電台說，哥倫比亞號這次升空時間，特地挑選挑戰者號升空周年的時間，用意就是紀念那組太空人。

挑戰者號的七名太空人包括美國各族群與膚色，哥倫比亞號的七名太空人也具備不同種族背景，包括一名印度出生的美國人以及以色列第一位太空人。

載著以色列空軍上校拉蒙的這個飛行器，在德州東部一個叫做巴勒斯坦的小鎮上空爆炸裂解。紐約「天天贏」電台報導說，拉蒙最後一封給家人的電子信說，太空之旅無限的平靜，他真希望「永遠待在太空」。

1986年元月28日，挑戰者號升空爆炸後，雷根總統曾說，在冒險擴大人類活動領域的過程中，這類痛苦事件在所難免，可是「未來不屬於怯懦者，未來屬於勇者」。

太空梭計劃停頓了兩、三年，又繼續執行。布希總統在哥倫比亞號爆炸事件後也稱，在這次悲劇徹底檢討之後，太空梭計劃也將繼續，「但願上帝繼續祝福美國」。

與電影角色同月同日死亡

是在演戲，還是在演人生？

曾主演韓國大片《太極旗飄揚》、《紅字》和《向左愛向右愛》的韓國女藝人李恩珠是人們都比較熟悉的。然而正當她主演的《火鳥》在台灣和韓國都創下高收視率時，李恩珠卻在2005年2月22日在家中先割腕後再上吊自殺身亡，遺體旁留下血書，死時年僅24歲。

李恩珠自殺的消息震驚韓國演藝界。據瞭解，李恩珠的健康檢查中顯示她患有憂鬱症，但她拒絕了醫生住院的建議，而選擇了自殺，留下用血寫成的遺書，表示對家人和影迷的抱歉後自殺身亡。

李恩珠曾拍過多部電影，但她在片中多半死於非命。她在《太極旗生死弟兄》中扮演張東健的未婚妻被槍殺身亡，在和車太鉉合演的《向左愛向右愛》中則因病而死。最讓人毛骨悚然的是她和李秉憲合演的《憂鬱男孩》，她在劇中角色死亡的日期和她自殺身亡的日子同樣都是2月22日，巧合的讓人心驚。

恐怖的11日

13、14被人們認為是不祥的數字，
如今可能又要新添一個新成員「11」。

恐怖分子劫機撞擊美國世貿大廈，讓人們記住了911，然而，災難並沒有因為911的結束而結束，11日反而成了恐怖的不祥之日。

據法國媒體報導，阿爾及利亞就一直有傳言說，恐怖分子計劃在每月11日發動大規模襲擊，目的是讓每個人都記住911事件。

儘管只是傳言，但這種說法也並非毫無根據：2007年4月11日，阿爾及利亞首都發生自殺性爆炸事件，造成33人死亡，200多人受傷。7月11日，阿爾及利亞北部一處軍營附近發生自殺爆炸襲擊，造成9人死亡，另有多人受傷。

2007年12月11日，阿爾及利亞首都阿爾及爾發生兩起汽車炸彈爆炸事件，造成大量人員傷亡。這讓一些人更加相信，11日是個不詳的日子。阿爾及爾的一位居民說，「我都不敢再在11號這天出門了」。

世界上許多恐怖襲擊也是發生在11日。

2004年3月11日，西班牙首都馬德里發生火車連環爆炸恐怖事件，造成191人死亡，1841人受傷。

2006年4月11日，巴基斯坦南部港市卡拉奇發生爆炸，57人死亡。

2006年7月11日，印度孟買發生7起連環爆炸，183人死亡，700多人受傷。

而這種時間上的巧合也引起了國際情報專家的注意，一名接近反恐機構的法國人說，「當我們聽說阿爾及爾週二早晨發生兩起爆炸，我們立即意識到這是11日」。這究竟是巧合，還是恐怖分子的預謀呢？

預言

如果知道了自己下一刻的命運，

此時你會做什麼？

神祕的預言詩集《諸世紀》

究竟是騙子，還是預言家，誰能證明？

西元1551年的一天，一位地方醫生被領進了法國國王亨利二世的王宮，為國王算命。他仔細的端詳了一下國王那沉醉於酒色的雙眼，然後，低沉而冷靜的說：「陛下，有那麼一天，會發生這樣一件事，陛下的腦部被銳利的武器刺進去，也許此傷要奪走陛下的生命。這一天，依你看來，今後十年之內必將到來。」亨利二世聽後怏怏不樂，也沒把他的話放在心上。

十年即將過去，一切平安。人們早已忘記了醫生的預言。

可是，就在這十年期限的最後一夜，悲劇發生了。

這天晚上，亨利二世一時興起，提出要和他的侍衛隊長比試槍法。當侍衛隊長舉槍向國王刺去時，槍頭上保險用的鐵盔扣帶突然脫落，鋒利的槍尖，一下刺透了國王的頭盔，刺中了他的眼睛，並傷及了他的腦部，亨利二世慘叫一聲倒在地上。

九天之後，他斷了氣。人們這才回憶起十年前那位醫生的預言，不禁膽顫心驚。這位醫生的名字叫「諾查丹瑪斯」。

如今，在西方如果那個讀書人不知道諾查丹瑪斯這個名字，那麼他可謂孤陋寡聞。在當今世界上，可以說，知道耶穌、穆罕默德、釋迦牟尼的人，就知道諾查丹瑪斯，他的預言書《諸世紀》，使無數人奉為神奇數百年來，人們對諾查丹瑪斯爭論不休。

許多人稱他是：「有史以來最狡猾的騙子」，但有很多人讚譽他為「世界歷史上最偉大的天才」。1566年7月他在法國南方薩朗逝世前曾自信的說：「在今後數百年內，人類將越來越重視我。」這句話本身就是一個預言。事實應驗了他的話。

《諸世紀》在1781年曾經遭到羅馬教廷禁書目錄的譴責，然而200多年後，這部預言書卻傳遍整個西方世界。

他於1503年生於法國普羅旺斯的聖雷梅，曾在醫學院求學。諾查丹瑪斯可以說是近代醫學的始祖。他第一個發現了血清；他曾與當時流行於法國南方的黑死病作過卓有成效的鬥爭。

諾查丹瑪斯的預言家的生涯，亦是從他行醫時開時的。他在給病人診斷、治療時，心中常常獲得一種自己也不明白的啟示，一種直覺，一種靈感。

這些發自內心的聲音比他所學的醫學知識更能指導他給人看病。於是，他開始追蹤他的「心聲」，並運用一些方法加強了這種聲音的清晰度。漸漸的，他掌握了隨時捕捉這種聲音的方法。諾查丹瑪斯有著廣博的占星知識。他透過對天文星相的研究，驗證他的預言，大大提高了預言的精確度。在此基礎上，他寫出了《諸世紀》一書。

《諸世紀》這部奇書用押韻的詩體寫成四行詩的形式，以每100首預言詩組成一個世紀。預言書把法文、西班牙文和希伯來文的詞彙融合在一起。由於它的語言完全是象徵性的，大多數情況下含糊其辭，所以後人對某一預言總會有各種不同的解釋。

下面是《諸世紀》中的幾首預言詩：

崇拜偶像的強大黨徒，把整個多瑙河兩岸征服，他們掛

著彎成「卐」字形的鐵十字架，從無數廢墟的碎片中去尋求黃金，寶石和奴僕。（二次世界大戰時德國希特勒曾一度稱霸歐洲）

數年之後戰爭在法國了結，越過卡斯蒂利亞領土的境界，勝利尚未定，三大巨人得桂冠，鷹、雞、月亮、獅子攻擊的目標只留下太陽未摘。（蘇、美、英三國首先在歐洲打敗了德國，這時軸心國只剩下了日本）

女子乘船在天空裡飛翔，其後不久，一個偉大的國王在他魯斯把命喪，……（1963年7月，蘇聯出現了女宇航員，同年11月，甘迺迪總統在達拉斯遇刺身亡）

詩中敘述了二次大戰中盟軍在諾曼地登陸，墨索里尼暴屍街頭，原子彈迫使日本投降；對希特勒名字的推測中一字之差（希斯特），而佛朗哥的名字則完全吻合。

對20世紀幾乎所有對人類命運產生了重大影響的事件：第一次世界大戰、俄國革命、納粹集中營、原子彈爆炸、甘迺迪遇刺、伊朗革命、中東戰爭、石油危機……諾查丹瑪斯都預言到了，幾乎有80％是正確的。

沒有一個有頭腦的人會忽略中國的存在，更何況是諾查丹瑪斯，他預言中國將在21世紀初完成政治、經濟、軍事等一系列重大的改革，成為世界強國，並「不斷擴大她決定性的影響」。

諾查丹瑪斯的預言究竟從何而來？人們要解開這個謎，似乎同預言一樣困難。

塔羅牌之謎

一副塔羅牌，算盡你的人生種種事。

充滿神祕氣息的塔羅牌是一種古老的占卜工具，其間還被歐洲教廷視為異教的神祕魔法和魔鬼的預言，在長達幾百年的時間裡遭到禁絕，更讓許多關於塔羅牌的歷史文獻毀於一旦。塔羅牌起源於何處？它是誰發明的？不少研究塔羅牌的學者對此也是眾說紛紜，莫衷一是。

在塔羅牌眾多的來源學說中，以下六種學說最為著名，而且還有相應的根據，支持者也比較多：

塔羅牌起源之義大利學說

14世紀的義大利曾經流行過一種撲克牌遊戲：「tarocco」，它與「tarot」塔羅牌的發音很相似；而且「tarocco」也有二十二張牌，與塔羅牌的二十二張大阿卡那牌數目一致；同時義大利詩歌中歌頌的愛情、勝利、死亡、名譽、命運和未來等含義，與塔羅牌的牌意類似。因此，塔羅牌起源於義大利的說法得到了很多人的贊同和支持。

但是「tarocco」到底是不是現在的塔羅牌，已經沒有人能夠說清楚了。因為羅馬教廷就對塔羅牌嚴加禁止，許多重要的文字資料已經在羅馬教廷燃起的熊熊烈火中灰飛煙滅了。

不少研究塔羅牌的學者同時也表示，這些證據只能說明塔羅牌曾經在歐洲出現，並不能證明不相信塔羅牌起源於義大利。

塔羅牌起源之吉普賽學說

吉普賽人以占卜為生，塔羅牌就是他們的其中一種占卜方法。在羅馬教廷勢力最為強大的時期，正是吉普賽人的保護才使塔羅牌能夠流傳到今天。

在很長的時間裡塔羅牌只有吉普賽人才能看得懂，許多塔羅牌的牌意都是以吉普賽人的解釋作為基礎的。同時吉普賽人還發展了塔羅牌的占卜方法，彷彿又為塔羅牌起源於吉普賽人提供了重要的證據。

也有學者指出吉普賽人是一個四處流浪的遊牧民族，沒有太大的可能發展出極有系統的塔羅牌哲學，他們的塔羅牌知識是從其他文明學習來的。

塔羅牌起源之埃及學說

畢竟塔羅牌的名稱「tarot」，是取自埃及語的道「tar」和王「ro」兩詞，因此塔羅牌起源於埃及是目前支持率很高的學說。

有人相信在埃及亞歷山大城被毀後，摩洛哥的城市fez成為新的世界性學術中心，世界各國的學者都彙集於此，但是使用象形文字的古埃及人和使用拼音文字的歐洲人無法順利交流。於是聰明的古埃及人將文字和語言轉變成圖畫，成為學術交流的工具。休息時，大家將這些圖畫作為遊戲的工具，進而演變成為塔羅牌。也許這個說法很難令人信服，但塔羅牌中眾多的象徵圖案來自埃及卻是不爭的事實。

但考古學家指出，到目前為止發現的眾多古埃及文獻中都沒有發現任何關於塔羅牌的記錄，這讓許多塔羅牌起源於埃及的支持者感到十分無奈。

塔羅牌起源之中國學說

在唐朝的繪畫中考古學家就發現了紙牌遊戲的畫面，同時保留下來的歷史文獻中記載：古代中國宮廷中曾經有一種叫做「葉子戲」的紙牌遊戲。

許多學者認為「葉子戲」肯定有其特殊的文化背景，否則單純的娛樂遊戲，是不可能在極度重視文化禮儀的中國宮廷中得到發展和普及的。而且塔羅哲學很像中國古代樸素的辯正法，塔羅的正位和逆位就和「福禍相倚」很相似。

塔羅牌起源之印度學說

塔羅牌起源於古印度主要是依據是小阿卡納牌，牌中出現的寶劍、星幣、權杖、聖杯與印度神像手中持有的法器很相似。某些塔羅牌中象徵性的事物與印度宗教中的法器含義很相似。

塔羅牌起源之猶太學說

傳說 kabbala 是上帝傳授給摩西的關於提升精神力量的學問，它強調人與人之間互相合作。摩西根據上帝的啟示創造出希伯來文和與每個字母相對應的意思，塔羅牌就是在希伯來字母意義上的發展和延續。現在有許多側面的證據支持這一論點，相對於其他推斷這點尤其重要，所以現在相信塔羅牌來自於猶太民族的人越來越多。

儘管有側面證據的支持，但和許多來自猜想所面對的問題一樣，猶太學說也沒有很確鑿的證據能夠證明它的正確性，或者推翻其他的推斷。

《聖經》密碼

當聖經的密碼真的被破譯，人類將會面臨什麼命運呢？

有關聖經密碼的研究已有很長的歷史。許多猶太教的拉比（神職人員）一直篤信，在他們所認為的由上帝書寫的《聖經》舊約中隱藏著可預測世界的神祕密碼，因而長期以來一直試圖破譯「上帝的啟示」。

1994年9月，一位美國記者曾向當時的以色列總理伊紮克拉賓寫了一封信，毫不忌諱的預言拉賓將被人刺殺。此信透過一位以色列詩人交到了拉賓手裡，但被這位老將軍不屑一顧的扔進了廢紙簍。

一年多後，1995年11月4日，拉賓果然在一次和平集會上倒在了猶太極端分子的槍口下。

這位美國記者叫邁克爾德羅斯寧。他自稱破譯了希伯來文《聖經》舊約中所隱藏的密碼資訊，並據此提前一年預測到了拉賓的遇害。

德羅斯寧出版了一本叫作《聖經密碼》的書，記述了有關聖經密碼的破譯方法，及密碼對過去一些重大歷史事件的印證和對未來世界的聳人聽聞的預測。他聲稱找到了德國納粹對猶太人大屠殺的印證和美國前總統甘迺迪遇刺的預言，並稱密碼預言以色列現任總理內塔尼亞胡任內將發生戰爭，世界在2010年前將面臨「原子大屠殺」等。

由於《聖經》的神祕性和普及性，加上德羅斯寧所提及的一些歷史事件的重要性，《聖經密碼》自然產生了轟動效應，甫一出版即高居美國、以色列等9個國家暢銷書排行榜的前列。

此書也引發了科學界和宗教界的激烈爭論。許多人譴責德氏打著科學的幌子故弄玄虛，有意製造轟動效應，目的是為了撈錢。一些聖經密碼研究專家也群起聲討他利用《聖經》對未來妄加預測的不負責行為。

在本世紀80年代，以色列希伯萊大學的數學家埃利亞胡・里普斯和物理學家多隆魏茨圖姆教授開始利用電腦進行破譯聖經密碼的工作。他們首先將原版希伯萊文的《聖經》舊約輸入電腦，去掉所有的標點符號，使之成為一整篇由344805個希伯萊文字母組成的文字，然後運用均衡間字法對整篇經文進行搜尋，結果獲得驚人的發現。

他們透過每間隔7個、49個或50個字母的搜尋方法在

《舊約》中多次拼出上帝的稱呼和《舊約》前5卷的名稱「TORAH」（通常稱為《律法書》），只是尋找順序有正有反。而7、49和50正好都是猶太教中最重要的三個數字，7為《聖經》所記上帝創造天地萬物的一周數，49和50往往是重要猶太節日的間隔天數。

但里普斯和魏茨圖姆教授稱所獲得的最大發現是從中找到了隱藏著的已故的64位著名猶太拉比的姓名、生卒年月和宗教職稱。應該說，兩位教授的研究只著重於宗教方面，因此沒有在公眾中產生廣泛的影響。但5年前，作為《華盛頓郵報》記者的德羅斯寧在訪問以色列時結識了他們，嗅覺靈敏的德氏便開始利用他們的理論進行有個人目的的研究和預測，並出版了《聖經密碼》一書，這才使聖經密碼的研究引起世人關注。

德羅斯寧在獲得兩位教授破譯聖經密碼的方法後如獲至寶，回到美國後立即著手在此基礎上進行研究，並部分修改了這一方法。為此，他還自學了希伯萊文。根據他在《聖經密碼》一書中的記述，他透過電腦搜尋不僅印證了許多重大的歷史事件，而且還可以預測未來世界。

他舉例說，根據聖經密碼的預言，第二次世界大戰爆發時間在1939 年至1940年之間，在德國納粹元兇「希特勒」

的名字旁邊還找出了「納粹」和「大屠殺」的詞語，預言了納粹屠殺猶太人的歷史事件。他還稱聖經密碼預測了1990年海灣戰爭時伊拉克向以色列發射首枚「飛毛腿」導彈的時間。

德氏還聲稱，聖經密碼預測了美國前總統甘迺迪遇刺的事件，他在「甘迺迪」的名字旁邊找到了「將死」和「達拉斯」的單字，指的是甘迺迪在達拉斯被刺殺。他還找到了有關美國前總統林肯、印度前總理聖雄甘地等政要遇刺的資訊。

至於拉賓的遇刺資訊，他首先找到了縱向隱藏在經文中代表「伊紮克拉賓」的8個希伯萊文字母，再進行橫向搜尋，結果發現在拉賓名字的第二個字母的同一行裡隱藏著「刺客將刺殺」的短語，它正好與拉賓的名字交叉。

在拉賓遇刺後，德羅斯寧再仔細回顧隱藏該段資訊的經文，結果又發現其中還有刺客「伊加爾・阿米爾」的名字、拉賓遇刺地點特拉維夫和遇刺年份1995年。

為什麼兩位在學術界享有盛譽的以色列教授也如此醉心於神學研究呢？《聖經》密碼究竟真是假？還需要人們的探索。

死於陌生人之手的女占卜師

不僅占卜他人，也占卜自己。一切順從命運的安排。

她的一生都在為各色人等占卜命運，她預言了拿破崙皇帝和約瑟芬皇后的邂逅和結識後的命運，還有法國大革命時期不可一世的領導人羅伯斯庇爾、馬拉和聖鞠斯特的悲慘結局，她當時的預言如今都成了我們現在熟知的歷史。她就是歷史上著名的女占卜師瑪利亞・亞德萊達・勒諾曼。

1772年3月的一天，瑪利亞・亞德萊達・勒諾曼在法國巴黎附近的小城鎮亞蘭森出生，她出生時就充滿不平凡和神話色彩：剛從娘胎裡出來就有一頭烏黑的長髮和滿口牙齒，接生婆被她嚇了個半死，幸好她的父親，一個早就祈望有孩子的棉花富商並沒有把她當成怪物而丟棄，父母都很疼愛她，但「怪物出生」的消息迅速傳遍了城鎮，深恐會帶來什麼災禍的民眾堅持把她送掉，儘管父母都辯稱他們的女兒又沒有長角和爪子並不是怪物，但迫於眾人的壓力只好把她送到附近的本篤天主教修道院，每月付生活費請修女撫養她。

瑪利亞在幼年的時候就展現了她神奇的預知能力，令人們對她刮目相看，也使她一舉成名的是預知本篤修道院長的命運。

在她6歲時突然逢人便說修道院長將離職，被這條消息困擾的修道院長以為是她為了爭奪院長職位而散佈謠言，於是就去責問瑪利亞，誰知瑪利亞竟告訴她，她將結束修女生涯與一個富家子弟結婚，修道院長當然不信，以為瑪利亞是在糊弄她，但是也沒有為難她。

一個月後，發生在修道院長身上的事竟然跟瑪利亞預測的一模一樣！此事一傳開，人們都開始敬畏這個預言家小神童，很快不少有錢有勢的人慕名而來請瑪利亞預測一下自己的命運。

或許上天真是公平的，它賦予了瑪利亞神奇的預言能力，但是當瑪利亞慢慢長大時，她的容貌卻越長越醜：兩個肩膀一高一低、瘦弱的O型腿，還有一點鬥雞眼。人們都在私底下議論這個預言大師恐怕只能在修道院終老一生了。

不久瑪利亞的父親去世了，她家裡也不再給修道院瑪利亞的生活費，而雖然很多人請瑪利亞預測命運，但是她都不要報酬，也不許修道院收錢。這下生活來源斷絕了，瑪利亞乾脆離開修道院，去巴黎闖天下。正好曾被她預測命運的修道院長出嫁後搬到了巴黎，在她的幫助下，瑪利亞成立了一個占卜沙龍，由於她的預測相當靈驗，瑪利亞的名氣在巴黎上流社會的生活圈子裡越來越有名，找她占卜的人身分也越來越高貴。

1793年，當時正值法國大革命時期，掌權的是雅各賓派，一天著名的領導人羅伯斯庇爾、馬拉和聖鞠斯特到占卜沙龍，瑪利亞告訴他們都將死於非命，位高權重的羅伯斯庇爾他們自然不相信，還輕鬆的互相打趣。

看到這副景象，瑪利亞突然靠近馬拉身邊，在他耳邊低聲說：「看著我的眼睛！」馬拉感覺自己順從的照做，只一會兒，馬拉突然一臉驚駭的倒退幾步，羅伯斯庇爾和聖鞠斯特趕緊問他發生了什麼事，心知不妙的馬拉趕緊拉著同伴離開時小聲的告訴他們：「我在這個醜陋婦人的眼裡看到一片血海！」音未落，剛走到門口的馬拉他們就聽到瑪利亞冷冷的說：「你們被砍掉頭後恐怕也英俊不到哪去！」

1793年7月13日，患有皮膚病正在浴盆內泡藥澡的馬拉被女刺客夏洛蒂刺殺身亡。1年後的7月27日，羅伯斯庇爾和聖鞠斯特被「熱月政變」趕下台，關進監獄。次日，羅伯斯庇爾和聖鞠斯特等人被送上了斷頭台。瑪利亞的預言又一次應驗了。

羅伯斯庇爾的雅各賓派專政被熱月黨人的統治取代了，法國建立了法蘭西第一帝國。但是改朝換代並沒有影響瑪利亞的占卜事業，她的占卜沙龍依然門庭若市。

一天兩個婦女走進了占卜沙龍，其中一個名叫特雷莎的想知道她是否會嫁個富人，瑪利亞告訴她將擁有公主的頭銜，還有一段刻骨銘心的愛情。

特雷莎隨即轉過頭去對同伴約瑟芬抱怨說：「她只是看穿了我急切想嫁人的心情，然後信口開河」，聽到特雷莎的抱怨，約瑟芬決定放棄請眼前這個又矮又肥的醜婦人占卜的打算。

正當她想轉身離開時，突然聽到瑪利亞淡淡的說：「夫人，妳最好留下來，在一段時間裡，法國的命運掌握在妳手裡」這番話頓時激發了約瑟芬的好奇心，她決定留下來聽聽瑪利亞會說些什麼。

瑪利亞鄭重其事的動用了一些占卜用的輔助器材（平時她不需要這些器材的說明），預言宣示約瑟芬這個有兩個孩子的寡婦是個「天命之人」，不久她將遇到會令她全心全意去愛的男人，這個男人會讓她無比出名，但是最後又會被他拋棄。

聽著瑪利亞的喃喃細語，約瑟芬向她提出自己的疑問，看到約瑟芬還不相信，瑪利亞拿起約瑟芬的手臂，用一根金針戳破一個小指頭，然後對她說：「妳既然還不相信，我就給妳看一些東西，以前來占卜的人可沒有這個福分，妳要記著，以後妳大富大貴了要保護我。」

瑪利亞從手指頭上擠出一滴血，滴到一個裝著不知名液體的碗裡，這滴血在碗裡也不擴散，只是不停的變化形狀，最開始像紫羅蘭和鬱金香（約瑟芬最喜愛的花），然後變成丁香，最後凝結成王冠的形狀。「妳將成為皇后」，瑪利亞用不容質疑的語氣對約瑟芬說。

感覺就像做夢的約瑟芬神情恍惚的準備離開，走到門口的時候，她突然看見在起居室的陰暗角落裡坐著一個打扮得像花花公子的男子，但她不怎麼留意，她還在想著剛才的遭遇：「我不可能成為皇后，不過再沒有比今天遇到的事更奇怪的了。」

「我的皇上，你來了！你將要成親了，不久你將遇到你的新娘。你將成為皇帝，名震天下，過著奢華的生活。但這只是你40歲之前的事，40歲時，你將忘卻天意安排給你的愛人，這將是你悲慘的後半生的開始。你將痛苦的死去，而且你所有的親戚朋友都會聲明從不認識你！」炮兵軍官拿破崙・波拿巴想起瑪利亞的預言時仍然非常惱怒，「我怎麼會相信占卜師的鬼話，她對我怎麼會有幫助呢」，但是，在拿破崙腦海裡，揮之不去的仍然是在沙龍門口邂逅的那位夫人的倩影。以後事態的發展，正如約瑟芬所料。也正是歷史上所發生的。

5年後，俄羅斯軍隊攻進了法國，使瑪利亞又一次出現在歷史上。許多俄國軍官都久聞瑪利亞的大名，但是他們大多數都不敢找瑪利亞占卜，因為都怕會有什麼不好的結果，但是也有人不信邪，軍官盧寧、雷利夫和穆拉維耶夫就是這極少數中的一員。他們結伴去占卜沙龍找瑪利亞預測命運，瑪利亞預言他們的命運極其相似，迅速獲得提升，開始了成功的政壇生涯，但最後悲慘的死去。

「你將會被吊死！」她用一種很可怕的語氣對穆拉維耶夫說，而穆拉維耶夫並沒有被可怕的預言嚇到，他泰然自若的說：「可能你把我當成了英國人，但我是俄國人，在我們那裡死刑早就被廢除了」。

事實上也沒有人會認為這個出身於著名的貴族家庭的天才軍官會被吊死，然而所謂世事難料，終於有一天，穆拉維耶夫穿著囚衣，與其他圖謀推翻沙皇的同謀者一起被推上絞刑架，行刑士兵敲著鼓，粗大的絞繩圈落到他的脖子上，當繩圈收緊，他逐漸失去意識時，或許他才會想起瑪利亞的預言。

瑪利亞深知她一生的命運也是已經註定的，即使有位高權重者如皇帝也無法令其躲過命運的劫數。她註定會躲過火災和水災，但是卻無法避免命運的手扼住她的喉嚨：一個陌生的年輕人的手。她躲過了占卜沙龍失火，她所乘坐的小艇在塞納河上沉沒，但是她卻不可思議的逃生了，她的腰帶纏在船板上，阻止已經昏迷的她下沉，並且在她噎死之前被渡輪工人救起。

1843年，她莫名其妙的捲進了一次暴亂中，被一個她從未見過的狂怒的年輕人掐住脖子，窒息而死。

可怕的災難謎團：
天地不仁以萬物為芻狗

人類自詡為地球的主人，將地球作為自己的家園。

然而，地球的主人真的是人類嗎？

人類在地球上究竟是渺小還是高大？

天崩地裂

捉摸不定的天災，但是，有多少是人禍。

北京城莫名其妙的爆炸

霹靂一聲巨響，各種詭異的災難從天而降。

明朝天啟年間，5月6日那天上午10點左右，在北京城西南一帶，突然發生了一場驚天動地的大爆炸，方圓23里內，頓時夷為平地。這場大爆炸之慘烈、詭異，世所罕見，至今眾說不一。

據當時的專家學者收集的目擊者見聞說，爆炸當時本來天空晴朗，忽然，轟雷炸響，隆隆滾過，震撼天地。只見從東北漸到京城西南角，湧起一片遮天蓋地的黑雲，不大一會兒，又大震一聲，天崩地裂。頓時，天空漆黑一團，伸手不見五指。

東至順成門大街，北至刑部街，長三四里，周圍13里，萬餘間房屋建築變成一片瓦礫，二萬餘居民非死即傷，斷臂者、折足者、破頭者無數，屍骸遍地，穢氣熏天，滿眼狼藉，慘不忍睹，連野馬雞犬都難逃一死。

王恭廠一帶，地裂13丈，火光騰空……。震聲再由南自河西務，東自通州，北自密雲、昌平到處震耳欲聾，毀壞嚴重。老百姓如有僥倖活命，也都如鬼泣狼嚎，披頭散髮，驚恐萬狀。

舉國上下，陷入一場空前的大災難之中。不久，只見南天上一股氣沖入蒼穹，天上的氣團有的像亂絲，有的像靈芝，五顏六色，奇形怪狀，許久才漸漸散去。

出事之時，明熹宗皇帝正在乾清宮用早膳，突然，他發現大殿震盪起來，不知發生了什麼禍事，嚇得不顧一切就逃。躍出門外，他急忙拼命向交泰殿狼狽奔去，內侍們驚嚇得不知所措，只有一個貼身內侍緊忙跟著他跑。不料，剛到建極殿旁，天上忽然飛下瓦片，正巧砸在這個內侍的腦袋上，當即腦漿迸裂，倒地而亡。熹宗皇帝也顧不上他了，一口氣跑到交泰殿，正好殿內牆角有一張大桌子，他連忙鑽進去，才喘口氣，躲過此劫。

這場大爆炸的消息，迅速傳遍了全國，從王公貴族到黎民百姓都震駭之極，人心惶惶。當時，國家政治腐敗，宦官專權，忠奸不分。因此，很多大臣認為這場大爆炸是上天對皇帝的警告，所以，紛紛上書，要求熹宗匡正時弊，重振朝綱。皇帝一看群情激憤，吃不好，睡不好，不得不下一道「罪已詔」，表示要「痛加省修」。它還下旨從國庫撥出黃金一萬兩以救濟災民。

這場大爆炸，最使人難解的有四大詭異之處：

其一，事先徵兆特異

據《東林始末》記載，5月2日夜裡，前門樓角出現「鬼火」，發青發光，有好幾百團，飄忽不定。不一會兒，合併成一車輪大的一團。

《天變雜記》記載，後宰門有一火神廟，6月早晨，忽從廟內傳出音樂，一會兒聲粗，一會兒聲細。守門的內侍剛要進去查看，忽然有個大火球一樣的東西騰空而起，俄頃，東城發出震天爆炸聲。這鬼火和火球與大爆炸是什麼關係呢？

其二，人群失蹤，極為怪異

據記載，有一位新任總兵拜客，走到元宏寺大街，只聽一聲巨響，他和他的7個跟班，連人帶馬消失的無影無蹤。還有，西會館的老師和學生共36人，一聲巨響之後，都沒了蹤影。據說，承恩街上有一八抬大轎正走著，巨響後，大轎被震碎在大街上，而轎中女客和8個轎夫不知去向。

更為奇怪的是，萊市口有個姓周的人，正與6個人說話，巨響後，頭顱突然飛去，軀體倒地，而近旁的6個人卻安然無恙。

其次，石獅捲空，碎屍落地。爆炸之時，許多大樹被連根拔起，飄落於遠處。石駙馬大街有一尊1000斤重的大石獅子，幾百人都推不動，居然被一捲而起，落在10里外的順成門外，豬馬牛羊、雞鴨鵝狗更是紛紛被捲入雲霄，又從天空落下。

據說，長安街一帶，紛紛從天上落下人頭人臉來，德勝門外一帶，落下的人的四肢更多。一場碎屍雨，一直下了兩個多小時。木頭、石頭、人頭、人臂以及缺胳臂斷腿的人，無頭無臉的人，還有各種家禽的屍體，從天而降，絕對駭人聽聞。

其四，裸體奇聞

據記載，這次遇難者，不論男女，不論死活，也不管是在家或是在路上，很多人衣服鞋帽盡被刮去，全為裸體。《天變邸抄》記述：「所傷俱赤身，寸絲不掛，不知何故？」

《日下舊聞》記載，在元巨集街有一乘女轎經過，只聽一聲震響，轎頂被掀去，女客全身衣服都被刮走，赤身裸體坐在轎車中，竟沒有傷及皮肉。他們的衣服到哪裡去了呢？據《國榷》記載：「震後，有人告，衣服俱飄至西山，掛於樹梢，昌平縣校場衣服成堆，人家器皿、衣服、首飾、銀錢俱有。產部張鳳奎使長班往驗，果然。」真是咄咄怪事。

那麼，天啟大爆炸的罪魁禍首到底是誰？是地震說？火藥爆炸？還是颶風？抑或真的是上天對帝王的懲罰？無論哪種解釋似乎都難以自圓其說。這個千古之謎不知何時能解。

史前是否爆發過核大戰

人類的文明可能被自己所毀滅，而不是被天災所滅。

第二次世界大戰期間，美國在日本廣島和長崎投擲了兩顆原子彈，讓人們見識到了原子彈的威力。長期以來，人們一直認為這是人類歷史上的第一次核戰爭，然而事實真的如此嗎？

據印度古史詩《摩訶婆羅多》記載，在古印度，居住在恆河上游的柯拉瓦人和潘達瓦人，費里希尼人和安哈卡人曾經發生過兩次戰爭，戰爭的慘酷程度為史所罕見。

第一次戰爭中：「英勇的阿特瓦坦，穩坐在維馬納內，發射了阿格尼亞武器，它噴火，但無煙，威力無窮：剎那間，潘達瓦人的上空黑了下來，接著狂風大作，烏雲翻滾，沙石不斷從空中打來。太陽似乎在空中搖曳，這種武器飛出可怕的灼熱，使地動山搖，大片的地段內，動物倒斃，河水沸騰，魚蝦等全部燙死，火箭爆發時聲如雷鳴，敵兵被燒死，如同焚焦的樹幹。」

第二次戰爭更讓人毛骨悚然：「古爾卡乘著快速的維馬納，向敵方三個城市發射了一枚火箭，此火箭具有整個的宇宙力，赤熱的煙火柱，其亮度猶如一萬個太陽滾滾升入天空，壯觀無比。」而對於戰場上的悲慘景象，《摩訶婆羅多》的描寫讓人更覺心驚膽顫。「......屍體被燒得無可辨認，毛髮、指甲盡皆脫落、陶瓷器碎裂、盤旋的鳥兒在空中被燒死、食物受染中毒......」

不少學者正在探索在人類早期歷史上是否爆發過核武大戰？著名物理學家弗里德里克・索迪堅持認為：「我相信人類曾經有過多次文明，人類很早已熟悉了原子能，但由於誤用，他們遭到了毀滅。」弗里德里克的觀點當然仍有不少人不能贊同，但是令人感興趣的是近年來，一些可以佐證弗里德里克觀點的證據屢屢發現。

考古學家在發生史前戰爭的戰場恆河上游發現了眾多已成焦土的廢墟。這些廢墟有大塊大塊的岩石黏合在一起，表面凹凸不平，物理常識告訴人們，要使岩石熔化，所需溫度最低為1800°C，森林大火或火山爆發出來的熱量，遠遠達不到這個水準，能達到這個溫度的，只有原子彈爆炸所釋放的熱量。

在德肯原始森林中，人們還發現了更多的焦化廢墟。廢墟城牆被晶化，光滑如同玻璃，不僅建築物表面晶化，連建築物內的石製傢俱表層也被玻璃化了。前蘇聯學者戈爾波夫斯基在恆河上游驚人的發現了一具人體殘骸，屍體內放射性比常態高出50倍。

人們還發現，古印度人在時間上使用兩種奇怪的概念——「卡爾帕」和「卡希達」。「卡爾帕」相當於42億3200萬年，「卡希達」相當於1億分之3秒。

核子物理學家明白，在自然界裡，要用億年或百萬之幾秒的時間來量度的，只有放射性同位素的分解率。例如鈾238的一半壽命為45億1000萬年，而分子的半壽命只有百萬分之一秒，這與「卡爾帕」、「卡希達」的概念較為相近。

是不是可以從這個古印度人使用的時間概念上來推測，古印度人已經擁有了量度核物質和次核物質的技術呢？如果真是這樣，那麼，他們很有可能已經掌握製造核子武器的技術，生產出原子彈來。

類似核子戰爭的廢墟，不僅在印度被人發現，在巴比倫、撒哈拉沙漠和蒙古的戈壁灘上都被人發現有史前核戰的廢墟，廢墟中的「玻璃石」與今天核子試驗場合中的「玻璃石」十分相像。

《摩訶婆羅多》這部古印度史詩，據考證，成書約在西元前1500年，書中所記載的史實則比成書時間還要早2000年，它所記載的事件至少距離今天5000多年。那麼在距離5000多年前的史前究竟是否爆發過核武大戰？儘管已有不少學者從文獻記載或考古發掘上作了許多推測，但至今仍然還是個謎。

維蘇威火山的陰影

維蘇威火山爆發的規律似乎已經被人們把握了，
但是人類如何將危害降到最低呢？

維蘇威火山在歷史上多次噴發，最為著名的一次是西元79年的大規模噴發，灼熱的火山碎屑流毀滅了當時極為繁華的擁有2萬人口的龐貝古城，其他幾個有名的海濱城市如赫庫蘭尼姆、斯塔比亞等也遭到嚴重破壞。

維蘇威火山的噴發確實太可怕了。更可怕的是，科學家推測，隨著時間推移，維蘇威火山再次「發威」的可能性越來越大，假如現在維蘇威火山發生大規模的噴發，將會毀掉整個那不勒斯，將有數百萬人喪生。

據美聯社報導，由美國和義大利專家組成的考察小組，詳細考察了距離維蘇威火山9英里處的史前村莊「諾拉」的遺跡。毀滅「諾拉」的維蘇威火山爆發發生在3780年前的青銅時代，被稱為「艾維連奴爆發」，其威力至少是西元79年毀掉龐貝城那次噴發的兩倍。

當時維蘇威火山所噴發的大量火山灰隨著西風，落在火山東北部方圓數千平方英里的地區裡，在接下來的200年間，這一帶都因此而成為死氣沉沉的不毛之地。曾經有人在火山爆發結束後試圖重建家園，但是都以失敗告終。

在史前村莊「諾拉」遺跡，考古學家發現了幾隻狗的頭蓋骨和9隻懷孕的山羊，在村莊的東部，科學家還發現了一名男性與一名女性的遺骸，據推測，兩人很可能是在逃跑時窒息而死。

在維蘇威火山周圍，科學家還發現了數千個人類和動物的腳印，深深的嵌在當時潮濕的火山灰裡，行走方向是背對著火山。這證明當時有許多人逃難。

維蘇威火山大約在2.5萬年前形成，每隔2000年就會有一次大規模的噴發，不時還會有許多小規模的噴發。在龐貝古城被毀後，維蘇威火山曾經陸續噴發過30多次，最後一次噴發發生在1944年，但規模不算大。科學家指出，目前距離龐貝古城被毀的那次噴發已將近2000年，「隨著一年年時間的推移，其大規模噴發的機率越來越大。」

電腦模擬的計算結果顯示，如果維蘇威火山再次大噴發，火山周圍8英里的區域都將受災，而那不勒斯距離維蘇威火山只有6英里。

雖然那不勒斯已有應對小規模噴發的應急計劃，但是科學家認為這不足以應付大噴發。如果發生像「艾維連奴」那次規模的噴發，整個那不勒斯將被摧毀，超過300萬人口的生命岌岌可危。面對維蘇威火山，難道人類真的一點辦法都沒有了嗎？

智利大海嘯

海洋與陸地原本已經分開，
一旦海洋非要登陸，
那麼後果將不堪設想。

在智利流傳著這樣一個故事：上帝創造著世界，當他造完了世界後，手中還剩下最後一塊寶貴的泥巴，捨不得丟棄，便隨手將這塊泥巴從南到北抹在南美洲的西部，於是形成了南北長4270公里、東西寬90至435公里，地形窄長的智利。或許，就因為它是「最後一塊泥巴」的緣故，這裡的地殼總不那麼寧靜。

根據現代板塊結構學說的觀點，智利是太平洋板塊與南美洲板塊互相碰撞的俯衝地帶，處於環太平洋火山活動帶上。特殊的地質結構，造成了它位於極不穩定的地表之上，自古以來，火山不斷噴發，地震接二連三，海嘯頻頻發生。1960年5月，厄運又籠罩了這個多災多難的國家。

從5月21日凌晨開始，在智利的蒙特港附近海底，突然發生了世界地震史上罕見的強烈地震。震級之高、持續時間之長、波及面積之廣均屬少見，在前後一個月中，共先後發生不同震級的地震225次。震級在7級以上的竟有10次之多，其中8級的有3次。

蒙特港是智利的一個重要港口，設施完備、先進，具有較強的吞吐能力。但在這場地震的淫威下，所有房屋設施都被震塌，許多人被埋進碎石瓦礫中。

地震之初，蒙特港像一片完整的樹葉在狂風中簌簌抖動，現在卻已肢殘體碎、氣息奄奄。此時，這裡的生命似乎已經死寂，只聽見大地顫動時發出的深沉喘息。

距蒙特港北方500公里之外，是智利的康塞普西翁城。在這次地震的襲擊下，建築物和房屋有的被震裂、震歪，有的則被震塌，剩下了一片斷牆殘壁。

一場大自然的惡作劇，使得康塞普西翁城面目全非：七零八落的混凝土樑柱、冰冷的機器殘骸、東倒西歪的電線桿、懸在空中的門窗斷木……

遭到地震襲擊的太平洋沿岸的城市、鄉村，更是一派淒慘景象。在先前的地震中未被傷害的人們，這時跌跌撞撞的從地上爬起，拼命的將自己的親人、朋友從倒塌物下救起。然而，此刻人們好像被大地拽住了一樣，每前進一步都十分困難，除了哭喊之外已別無他法。無奈自己也是泥菩薩過河，只能眼睜睜的看著他們淹沒在亂磚碎石之中。

此時，大地一直在劇烈地搖晃，港口、碼頭、城鎮、鄉村都化為廢墟，許多人來不及睜開眼睛，不容喊一聲「救命」，便被埋於樓底斃命。晚上更是淒涼，周圍漆黑一片，沒有被壓死的人也不知自己要爬向何處。因大地顫抖，無法站立，只能趴在地上，誰也沒有餘力去拯救別人，到處都是傷患的呼叫聲和哀嚎聲……

強烈的地震剛剛過去，廢墟之旁頓時亂作一團。那些逃過劫難的人們又跑了回來，悲哀的在斷牆瓦礫中尋找自己的親人，希望他們重返人間。原先躲到碼頭和海邊的人們已躲過一劫，但更為慘烈的悲劇卻又等著他們。

大震之後，忽然海水迅速退落，露出了從來沒有見過天日的海底，那些魚、蝦、蟹、貝等海洋動物，在海灘上拼命的掙扎著。此時，一些有經驗的人們知道大禍即將臨頭，於是紛紛逃向山頂，或登上擱淺著的大船，以躲避即將發生的新的劫難。

大約過了15分鐘後，海水又驟然而漲。頓時，波濤洶湧澎湃，奔騰著、翻捲著，滾滾而來。浪濤高達8至9米，最高達25米。

呼嘯著的巨浪，以摧枯拉朽之勢，越過海岸線，越過田野，迅猛的襲擊著智利和太平洋東岸的城市和鄉村。那些留在廣場、港口、碼頭和海邊的人們頓時被洶湧而至的巨浪吞噬；沿岸的城鎮、港口、碼頭、鄉村即刻化為波濤洶湧的海洋；海邊的船隻，港口和碼頭的建築物均被巨浪擊得粉碎……

隨即，巨浪又迅速退去。所過之處，凡是能夠帶動的東西，都被潮水席捲而走。海灘上一片狼藉，留下了許多還未被海濤帶走的滯留物。

淺灘中，飄浮著不少人畜屍體，門窗殘木，船舶遺骸；沙灘上，滯留著許多房屋的木頭、床板，以及成包成捆的商品和屍骸。

海潮如此一漲一落，反覆震盪，持續了將近幾個小時。太平洋東岸的城市，剛被地震摧毀變成了廢墟，此時又頻遭海浪的沖刷。那些掩埋於碎石瓦礫之中還沒有死亡的人們，卻被洶湧而來的海水淹死。

在幾艘大船上，有數千人在此避難，但隨著大船被巨浪擊碎或擊沉，頓時被浪濤全部吞沒，無一人倖免。太平洋沿岸，以蒙特港為中心，南北800公里，幾乎被洗劫一空。

在這次大海嘯的災變中，除智利首當其衝之外，還波及到相當廣泛的地區。太平洋東西兩岸，如美國夏威夷群島、日本、俄羅斯、中國、菲律賓等許多國家，都受到了不同程度影響，有的損失也十分慘重。

這次地震，是世界上震級最高、最強烈的地震，震級高達8.9級，強度為11度，影響範圍在800公里長的橢圓內。大震過後，接踵引發了大海嘯。海嘯波以每小時幾百公里的速度橫掃了太平洋沿岸，把智利的康塞普西翁、塔爾卡瓦諾、奇廉等城市摧毀殆盡，造成200多萬人無家可歸。

「白色死神」降臨祕魯

雪花飄飄，帶給人的是美好的回憶；

然而突如其來的雪崩，卻與死神相伴。

祕魯位於南美洲西部，是一個多山的國家，山地面積占全國面積的一半，著名的安第斯山脈的瓦斯卡蘭山峰，山體坡度較大，峭壁陡峻。山上長年積雪，「白色死神」常常降臨於此。

1960年1月10日，瓦斯卡蘭山峰，發生了一次大雪崩。由於春季降臨，大地回暖，氣溫上升，使積雪開始融化。融水沿著裂隙下滲，起到了潤滑劑的作用，減弱了冰雪與山體間的凝聚力。在這種情況下，山峰上的積雪與山坡間的摩擦力降低，從而引起了大規模的雪崩。那次雪崩雖規模沒有這一次大，但也是相當的驚人。冰雪巨流以每小時140公里的速度運行，雪崩總量達500萬立方米。毀壞了山下的6個村莊。

但是災難並沒有結束，白色死神一直沒有走遠。十年之後，它又回來了。

1970年5月31日20時23分，在祕魯安第斯山脈的瓦斯卡蘭山，不少人都沉睡於甜美的夢鄉之中。

突然，遠處傳來了雷鳴般的響聲。隨即，大地好像波濤中的航船頓時失去了控制，在瘋狂的、猛烈的顫抖著。緊接著，又從遠處傳來了山崩地裂般的響聲，震耳欲聾，把人們從甜美的睡夢中驚醒。

有的人醒來之後，顧不得穿衣服便糊裡糊塗的向外奔跑。那些正在夜讀、娛樂和工作著的人們，被這突如其來的響聲嚇呆了。稍待鎮靜下來，便都急急忙忙地逃到室外。人們還不知道究竟發生了什麼事情，房屋便東倒西歪、吱吱作響的坍塌了下來。

「地震！」「地震！」有人驚恐地呼喊著。這時，人們才意識到地震災禍已經降臨。

那些還未來得及逃離屋子的人們，都被壓在倒場下來的亂磚碎石之中。有的已被砸死、砸暈，有的在大聲的呼救、哭泣。已經跑到室外的人們，此時也都站立不穩。他們自顧不及，根本無法去搶救被壓在坍塌物之下的親朋好友。

外面，寒風凜冽，漆黑一片，誰也看不到誰，只聽到隆隆的崩塌聲。

忽然，又一陣驚雷似的響聲由遠至近，從瓦斯卡蘭山峰方向傳來。一會兒，山崩地裂，雪花飛揚，狂風撲面而來。

原來，由地震誘發的一次大規模的巨大雪崩爆發了。

地震把瓦斯卡蘭山峰上的岩石震裂、震鬆、震碎，同時也震裂、震鬆、震碎了堅硬的冰雪。強烈的地震波又將山峰上的岩石、冰雪擊得粉碎。瞬間，冰雪和碎石猶如巨大的瀑布一樣，緊貼著懸崖峭壁傾瀉而下，幾乎以自由落體的速度塌落了900米之多。

在瓦斯卡蘭山峰下，是一片冰川粒雪盆。這裡，聚積了厚厚的冰雪。此時，在山峰上落下的冰雪和碎石的猛烈衝擊下，打碎了粒雪盆內的厚厚冰雪。在巨大的氣浪作用下，盆內的冰雪粉塵騰空而起，好像下了一場特大的暴風雪。頓時，雪花紛飛，漫天四濺，蘑菇似的雪雲升達數百米之高，大有遮天蔽日之勢。

劇烈的震動，使山頂上的冰雪和岩石連續不斷的崩塌。每崩塌一次，就升起一次蘑菇狀的雪雲。粒雪盆裡，第一次崩塌下來的冰雪，堆積還沒有穩定，雪粒還沒有全部落下，又被再次崩塌下來的冰雪擊得粉塵四起。

由於1970年雪崩的影響，冰雪流所過之處的地面已十分光滑，灌叢森林植被已失去了當年那樣的阻擋能力，因而使這次大雪崩更是所向披靡、勢不可當。由峰頂紛紛塌落下來的冰雪碎石，在粒雪盆裡匯成了非常龐大的冰雪體。盆內的冰雪愈積愈多，愈積愈厚，開始以極大的速度溢出粒雪盆口，形成了一股強大的冰雪流。這股強大的冰雪流，像脫了韁的野馬，帶著強大的氣浪，噴著白色的煙霧，呼嘯而下……

此時，從粒雪盆呼嘯而出的強大冰雪流，以極高的速度急馳而下，猶如一條非常巨大的冰雪巨龍，順著10年前雪崩的故道，以每小時300至400公里的速度，瘋狂地向山下衝去。

在強大氣浪即「雪崩風」的震動和衝擊下，沿途的積雪紛紛落下，跟隨著呼嘯而去，匯成的冰雪巨龍越來越大。轟隆隆之聲，夾雜著劈噼啪啦的斷裂聲，傳遍了空曠山林。冰雪飛龍所到之處，岩石被擊得粉碎，樹木不是被連根拔除，就是被攔腰折斷，房屋被沖得支離破碎。

被冰雪巨流掃蕩過的地方，留下了一片荒涼淒慘的景象。到處都是傾倒的樹枝，斷了頭的樹根，匍匐著的灌木，被剝去植被光禿禿的山坡，破碎的房屋……

在冰雪巨龍之前，形成的強大氣浪，是由冰雪體高速運動引起空氣的劇烈振動所造成的。這種由冰雪巨流形成的氣浪，衝擊力非常之大，能將途中的石塊騰空捲起。有一塊重達3000公斤的大石塊，竟被拋到了600米之外的地方。它的破壞力遠比冰雪體本身的破壞力要大得多。

正是這種強大的雪崩氣浪，不僅成了冰雪體一路披荊斬棘的開路先鋒，而且還殃及了沿途兩邊較大範圍內的森林植被，使冰雪巨龍沒能到達的地方也遭到了嚴重的禍害，大片大片的森林、果園、田地和房屋被毀。

這條冰雪巨流在故道裡高速行進著，速度之快，令人十分震驚。或許是高速運動之故，它改變了原有的前進方式，形成了罕見的跳躍式雪崩：一股高速行進中的冰雪流，帶著強大的氣浪，翻越了瓦斯卡蘭山峰下的一個山脊，向著溝谷肆無忌憚地橫掃而去。所經之處，森林植被全部被毀壞，使另一個山谷也遭到冰雪流的嚴重破壞。

當冰雪巨龍沿著故道沖到冰舌的末端時，崩塌而來的雪量已達到了3000萬立方米，其中攜帶著數以百萬立方米的岩石碎屑，形成高達近百米的龍頭，繼續呼嘯著向山下河谷、城鎮衝去。一路所過，河流被截，道路被堵，城鎮摧毀，農田被淹……

在瓦斯卡蘭山下，有一座容加依城，當雪崩剛剛發生之時，容加依城正遭到地震厄運的襲擊，人們正在忙著搶救自己的親人，有的準備逃離危險之地以躲避災禍。這時，帶著強大衝擊力的氣浪迎面襲來，把人們全部推到在地。頃刻，巨大的冰雪巨龍呼嘯而至，大多數人被壓死在冰雪體之下。快速行進中的冰雪巨龍，形成的強大的空氣壓力，使許多人窒息而死。

當時有人記錄了十分悲慘的景況：「有的張著大嘴，瞪著雙目而死；有的抱著頭，蜷縮身子而亡。少數沒有被冰雪吞噬的，也個個呼吸困難，張大了嘴拼命地喘息著……」

這場大雪崩，將瓦斯卡蘭山峰下的容加依城全部摧毀，造成了2萬居民的死亡，受災面積達23平方公里。這是迄今為止，世界上最大最悲慘的雪崩災禍。

霧都劫難

當人類正在為征服自然的成功而洋洋自得之時，
自然的反攻開始了，出其不意，防不勝防。

1952年12月4日，世界上最嚴重的一次大霧籠罩倫敦，濃霧持續將近一周不散。大霧期間，有4700多人因呼吸道疾病而死亡，霧散以後又有8000多人死於非命。這就是震驚世界的倫敦煙霧事件。

1952年12月3日，倫敦難得的一個可愛冬日。舒適的風從北海吹來，在晴朗的天空中點綴著絨毛狀的積雲。氣象報告說：一個冷鋒已在夜間通過，中午時分，氣溫達到6°C，相對濕度約為70%。對於這樣的天氣，老年人和病人特別高興，他們坐在太陽下，迎著從北海吹來清淨的風，聊著天、喝著茶，盡情享受著大自然賜給他們這優美的一天。

然而，誰能想到「好景」不長，災難正悄悄地來臨。傍晚時分，倫敦正處於一個巨大的高氣壓反氣旋的東南邊緣，強勁的北風圍繞著這一高壓中心順時針吹著。

第二天，即12月4日，這個反氣旋沿著平常的路徑向東南方移來，其中心在倫敦以西幾百公里處。上午風速變小，雲層幾乎遮蓋了倫敦上空。時至中午，烏雲將太陽全部遮住。

到12月5日，這個高壓中心幾乎移到了倫敦上空，一個意料不到的事情發生了：倫敦氣象台的風速表竟「靜止」了。也就是說，空氣停滯不動的懸浮在倫敦上空。無風狀態下的倫敦到處是霧，站在泰晤士河橋上四面望去，恍如置身在白茫茫的雲端。

濃霧中，多家店鋪白天不得不都掌著燈。那不斷加重的大霧，使行人走路都感到困難。一些地方能見度只在1米以內，人們剛走出幾步便迷失了方向。據報導，一位醫生要出診，甚至雇傭盲人做嚮導。

12月6日，情況更壞了，相對濕度升到了100％，達到了完全飽和狀態。所有飛機的飛行都被取消了，馬路上只有少數有經驗的司機開著車燈像蝸牛似地爬行著，步行的人沿著人行道像盲人似地摸索著走動，只有地鐵仍在快速移動著。12月7日晚上下班高峰期間，多達3000名乘客排起了長隊，在中央地鐵站特拉福購票上車。

濃濃大霧下，工廠仍然不能停工，居民們仍然要取暖，這樣，成千上萬個煙囪仍然一刻不停地冒著黑煙，它們悄悄地飄進大氣中與濃霧混在一起，像似黑雲壓城，侵襲著一切有生命的東西，首當其衝的就是製造黑煙的人類自己。走在馬路上的行人眼淚順著面頰流下來；凡是人群集聚的地方都不時傳來咳嗽聲和哮喘聲。

前面提到的享受過來自北方爽快和風的老年人和病人只痛快了一兩天，又在這污濁的空氣中接受煙霧給予他們的「苦刑」：呼吸困難、哮喘不止。

美國衛生教育部大氣防治污染局局長普蘭特博士以他的親身體驗這樣描述到：「當我們乘坐的飛機抵達倫敦時，因為倫敦機場濃霧瀰漫，所以飛機只好在倫敦南32公里的多意奇機場著陸。在機場，剛推開艙門，一股硫黃和煤煙的氣味撲面而來。下了飛機，聽人說夜裡在倫敦街道上散步，口中似乎有金屬的味道。鼻子、咽喉及眼睛受到了辛辣的刺激，很像剝洋蔥時的感覺。傍晚，從旅館的窗戶往下望去，經過的人群中大約有三分之二的人用圍巾、口罩、手套等捂著鼻子。」

更可惡的是，煙霧像水一樣見縫就鑽，即使房子的門窗都關閉著，它照樣有辦法鑽進去。特別是玩耍的孩子們跑出跑進房子時，更會把污染的空氣帶進室內。如此更加速了支氣管炎和心臟病人的死亡，數以千計的居民感到胸口窒悶，並伴有咳嗽、喉痛、心慌、噁心等症狀發生。

從倫敦煙霧發生的第一天起，倫敦的死亡人數急劇上升。在煙霧期間，前往倫敦各大小醫院就醫的人絡繹不絕。倫敦中心醫院一位護士回憶當時的情況至今仍心有餘悸：「簡直是一場惡夢，受煙霧毒害的病人接連不斷地被送進病房，哮喘和咳嗽聲充塞著整個醫院，讓人無法安寧。……屍體不斷的地被拉走。」直到兩個月後，恐怖氣氛仍然籠罩著倫敦。

有著霧都之稱的倫敦，沒想到這一次竟然遭到大霧之劫，是自然的災難，還是自然的報應呢？

北美黑風暴

北美黑風暴爆發，

人類聽到了自然界的最嚴厲的警告。

1934年5月11日凌晨，美國西部。突然之間，草原上空捲起了一陣陣遮天蔽日的黑色狂風。強勁的狂風挾帶著泥沙拔地而起，自西向東呼嘯而進，並向周圍迅速蔓延……這場黑色風暴整整刮了3天3夜，形成了一個東西長2400公里、南北寬1440公里、高3400米的迅速移動的巨大黑色風暴帶。黑色狂魔移到哪裡，哪裡的肥田沃土頓時被攜帶而去。風暴所到之處，溪水斷流，水井乾涸，田地龜裂，莊稼枯萎，牲畜渴死，千萬人流離失所。這是大自然對人類文明的一次歷史性懲罰。

黑風暴是一種強沙塵暴，俗稱「黑風」，沙塵暴的一種，大風揚起的沙子形成一堵沙牆，所過之處能見度幾乎為零。它是強風、濃密度沙塵混合的災害性天氣現象。強風是啟動力，具有豐富沙塵源的荒漠是構成黑風暴的物質基礎。

這次黑風暴起源於加拿大西段邊界和美國西部草原地區。美國西部的蒙塔那、勒薩斯、德克薩斯、奧克拉荷馬和科羅拉多等州，曾經是一片青蔥碧綠的原野。現在，經過多年的開發，已經面目全非，成了不毛之地的戈壁沙漠區域。由於過度開發，森林、草原遭到嚴重毀壞，土壤風蝕十分嚴重。同時，連續不斷的乾旱，使土地沙化現象愈演愈烈。

此時，正值晚春季節。數日來，在熾熱的驕陽照射下，廣袤的西部大地被曬得滾燙，在靠近地面之處，氣溫非常高，好像個蒸籠。這時，靠近地面的熱空氣迅速上升，形成了一個個低氣壓中心；與此同時，周圍的冷空氣便迅速湧進補充。冷熱空氣的猛烈對流，很快就在這裡形成了一起起旋風。猛烈的旋風挾帶著乾旱的沙土扶搖直上，直達高空。許許多多的旋風連成一片，便形成了可怕的黑色狂飆——黑風暴。

黑風暴從5月9日刮起，前後持續了3天3夜，橫掃了美國 2/3的大陸。在高空氣流的作用下，塵粒沙土被捲起，股股塵埃升入高空，隨風向東越過北達科塔、賓夕法尼亞和紐約等10多個州。從西部的沃爾斯堡刮到東邊的沃耳巴尼，最北到聖保羅，最南達納希准耳，形成了巨大的灰黑色風暴帶。

據有關資料描述，黑風暴所經之處，耀眼的麗日頓時消失，原來蔚藍色的天空，瞬間塵土飛揚，砂土像瓢潑的大雨一樣從空中傾洩而下。一座座城市，一個個莊園，一塊塊田野，轉瞬間失掉了原有的風采，變成了昏天黑地的淒荒景象。

紐約是受黑色風暴浸染十分嚴重的地區。據當時記載，1934年5月11日，從上午11時45分開始，紐約上空出現了瀰漫的塵霧，直到下午3時許才消失，前後持續了5個小時。黑色狂風席捲而來，沙土塵霧遮住了陽光，使原來明朗的晴天頓時黯然失色，變成了一片昏暗。有人從視窗向外眺望，咫尺之內的高大建築物也只能隱約可見。遮天蔽日的風沙穿街過巷呼嘯而過，發出的淒厲之聲令人十分恐懼。

《紐約時報》在當天頭版頭條位置，刊登了題為「黑風暴——席捲1500英里，持續 5小時」的專題報導。報導中說：遠洋的航船因沙土塵霧影響視野而延遲出港；飛機駕駛員為了避開沙塵被迫將飛機上升到 1.5萬英尺的高空飛行；城市住房和辦公室裡積滿了沙土塵埃；人們的眼睛、鼻孔和耳朵內都灌進了沙粒和塵土……

據紐約氣象局測定，當時白天的光度只有平常的50%，大氣中的沙土塵埃比平時多2.7倍，每立方英里至少含有40噸塵土。又據當時估計，這次黑風暴從西部草原刮走了3億噸的沙質土壤，僅芝加哥一處，落下的沙質塵土就達5000噸之多。

一位親身經歷過黑風暴襲擊的老人，在回想起當時的情景時說：「那個時候，居民們都個個驚恐萬狀，覺得好像到了世界的末日。」

這次襲擊北美的黑色風暴是人類歷史上空前未有的。它從加拿大的西段邊界和美國西部大草原鄰近幾個州的乾旱地區刮起，每小時以60至100公里的速度向東推進，一路上浸染了無數的村莊、城鎮和大中城市，直達東部海岸，最後消失在數百里的大西洋洋面。

黑風暴的襲擊給美國的農牧業生產帶來了嚴重的影響，使它原來已經遭受旱災的冬小麥大片枯萎而死，以致引起了當時美國穀物市場的波動，衝擊著經濟的發展。同時，黑色狂暴一路洗劫，將肥沃的土壤表層刮走，露出貧瘠的沙質土層，使受害之地的土壤結構發生了變化，嚴重地制約了受災地區日後農業生產的發展。但是，北美黑風暴雖然是一種嚴重的自然災害，而它的成因卻與人類對生態環境的破壞有關。

造成這次黑風暴的原因是，由於人們過度的開墾和放牧，毀壞了大片的森林和草原，致使水土無法保持，地表大面積裸露，造成了生態系統的破壞，在惡劣的氣候條件下，便釀成了嚴重的災害。人類在向自然界索取時種下的苦果，必然要受到自然界的嚴厲報復，這種報復同樣是不可抗拒的。

通古斯大爆炸

相當於1000顆原子彈的威力，
如果在人類生活的密集區爆炸，
會是什麼結果呢？

俗話說，天有不測風雲。1908年6月30日，在俄國西伯利亞森林的通古斯河畔，突然爆發出一聲巨響，巨大的蘑菇雲騰空而起，天空出現了強烈的白光，氣溫瞬間灼熱烤人，其破壞力後來估計相當於一千顆原子彈爆炸的威力，周圍2000平方公里被夷為平地，8000萬棵樹毀於一旦。據當地遊牧民族埃文基族人回憶，爆炸形成的衝擊波將房子和動物拋向空中。

在伊爾庫次克，距離大爆炸1500公里外的地方，地震感測器對這次事件的記錄被認為是一次大地震。縱然是一天後，火球依舊照亮著周圍地區，倫敦人甚至能在夜空下看報紙。究竟是什麼原因引起所謂的通古斯爆炸事件？

幾年後，僥倖逃脫災難的謝苗諾夫回憶說：「那天早上，天空北部突然裂成了兩半，林區上邊的整個北部天空都被火焰覆蓋了。從北面刮來一股熱風，火燒火燎地灼人，襯衫燙得快要著火了。同時，天上「砰」地一聲巨響，我被摔出21英尺遠，頓時失去了知覺。後來，天空明亮起來，又有一股熾熱的風從北邊刮來……」

大爆炸產生了極大震動，歐美地震儀都記錄到它的震動，地磁儀也受到明顯干擾。爆炸的當量相當於1000萬噸TNT炸藥，它使爆心地區有6萬株大樹倒下，1500隻馴鹿被擊死。

1927年，前蘇聯科學院派出探險隊赴通古斯地區考察。最初，當地人都不願做嚮導，原因是他們認為這是惡魔造成的災難，是為了懲罰人類。

庫利克教授認為，這是隕石造成的。但他在調查過程中未發現隕石坑，也未發現一片碎隕石塊。儘管他一直堅持己見，但是沒有證據。

1958年，前蘇聯又派出考察隊赴通古斯調查，但調查結果仍難下定論其中有代表性說法是：

核爆炸說

這是科幻作家卡爾薩夫提出的，他認為是火星人駕核動力飛船進入大氣層失事造成的。

雷射通訊說

這是科幻作家阿爾特夫提出的。1883年印尼一次火山爆發發出了強電磁信號，處在天鵝座61號星的「人」經過11年收到信號，就馬上與地球人聯繫，他們的雷射信號太強，儘管對於他們來說是抽上一條線的傷痕，但對於我們卻是一場災難。

黑洞說。這是美國科學家傑克遜和里安於1973年提出的。一粒像石榴籽大小的黑洞穿過地球，在進入大氣層時，由於它的速度高、品質大，造成了巨大的衝擊波。

反物質說

加拿大辛哈博士於1974年提出反物質隕石與地球的物質湮滅而引起爆炸的說法。

彗星說

多數科學家傾向於此。彗星核以極高速度闖入大氣層而造成爆炸。有些科學家甚至認為是恩克彗星碎片闖入大氣層。

小行星說

這是美國的三位科學家於1992年提出的。這麼多的解釋沒有一種能自圓其說。這次爆炸至今已100多年了，仍是一個難解之謎。

喀麥隆湖底毒氣

突然一聲巨響劃破了長空。

酣睡中的人還沒等弄清發生了什麼事，

就被奪去了生命。

1986年8月21日晚，位於非洲喀麥隆西北部，距首都雅恩德400公里的帕梅塔高原上的一個火山湖——尼奧斯火山湖，突然從湖底噴發出大量的有毒氣體，它猶如氾濫的洪水，沿著山的北坡傾瀉而下，向處於低谷地帶的幾個村莊襲去……

次日清晨，喀麥隆高原美麗的山坡上，水晶藍色的尼奧斯河突然變得一片血紅，好像一隻潰爛而憤怒的紅眼睛。草叢裡到處躺著死去的牲畜和野獸。尼奧斯湖畔的村落裡，房舍、教堂、牲口棚完好無損，但是街上卻沒有一個人走動。走進屋裡探個究竟，令人震驚的一幕映入眼簾，那裡都是死人。這是多麼淒慘的景象！死者中有男人、女人、兒童，甚至還有嬰兒。

從倖存者的口裡，人們知道了慘案發生的經過，伴隨著昨晚飛響的，還有一股幽靈般的圓柱形蒸氣從湖中噴出，整個湖水一下子沸騰了起來，掀起的波浪襲擊湖岸，直沖天空，高達80多米，然後又像一柱雲煙注入下面的山谷。這時，一陣狂風從湖中呼嘯而起，夾著使人窒息的惡臭將這朵煙雲推向四鄰的小鎮。

一位目擊者回憶說：「當時我正往下面走，我要去尼歐斯湖。可到了那裡，才發現根本沒有人了——他們全都死了！」另一人說：「我去了保健中心，但病房裡哪還有活人！」還有人說：「我只能站在死人堆中，因為房前屋後、裡裡外外都是死人，還有牛、狗……全是死的！我簡直嚇呆了，我數了一下，我們家56人中就死了53個！」事實上，最終統計出的死亡人數竟高達1800人。加姆尼奧村靠火山湖最近，受災也最為嚴重。全村650名居民中，僅有6人倖存。

這一噴毒事件，立即引起了各國的極大關注。尼奧斯火山湖，也因此更聞名於世。日本、英國、美國、法國、義大利等國家，都迅速地派出了緊急救援隊，並派出專家對尼奧斯湖噴發毒氣的成分進行實測，殺人兇手究竟是誰？專家們努力地尋找答案。

前來調查的美國科學家包括喬治・克寧和比爾・伊萬斯。克寧一年前曾到過此地，所以此次所見讓他深感驚訝。他說：

「一年前的情景我至今記憶猶新。尼歐斯湖在我印象中是如此美麗，可現在全變了。你瞧，過去藍藍的清清湖水現在不僅變得發紅，而且混濁不堪，湖面還漂著不知從何而來的草墊。山谷中，則到處是已經死亡的牲畜。」

伊萬斯說：「我們剛來時，一切看來都指向火山爆發。首先，尼歐斯湖是個火山湖；其次，這次災難的規模是如此之大；第三，一些受害者身上有燒傷。」

可是，當他們走到火山口頂部時，才意識到問題不是那麼簡單。要是真的發生過火山噴發，熔漿流之類的沉積物必然會從湖底沖上來，在火山口頂部留下痕跡。可問題是，在火山口頂部未能發現絲毫的這種痕跡。由此可以推測，並未發生過大規模的火山噴發。克寧和伊萬斯接著感覺到，答案還是得去湖中找。

經過一段時間的努力工作，終於查明了尼奧斯湖中所噴出的有毒氣體成分。專家們一致認為，噴出的氣體主要有二氧化碳，而惡臭則來自硫化氫。

人們在向自然界征服和索取的同時，也遭到了大自然無情的報復。如何才能消除這一潛在的危機呢？或許只有問人類自己了。

瘟疫之魔

不用你去招惹瘟疫，瘟疫也可能來招惹你。

天花大肆虐

「天花面前，人人平等」。
在過去的歲月裡，
幾乎沒人能躲過天花的襲擊。

天花，一種古老的疾病，一個令人談之色變的瘟疫，中醫稱之為「痘瘡」。據有關資料記載，歷史上，天花先後使5億人失去了生命，同時也給無數人留下了永久的瘢痕。

西元前1157年，古埃及的法老拉姆西斯五世患上了一種奇怪的疾病，他全身皮膚出現了紅色的疹子，一段時間以後，這些疹子發展成膿皰。拉姆西斯五世感到渾身疼痛難忍，他召來了很多醫生，但醫生從來沒有見到過這種奇怪的疾病，拉姆西斯五世對此非常惱怒，據說，他一氣之下殺了好幾位醫生。

沒多久，拉姆西斯五世就病死了。按照古埃及的習俗，他的屍體照例被塗滿防腐劑，製成了木乃伊。

1398年，古埃及拉姆西斯五世的木乃伊被人們發現，有人難以置信的注意到，他的屍體上有天花的疤痕。這是迄今為止，人們發現的最早的天花病人距今已有3000多年。

那麼，天花是從哪裡而來，又是何時出現在地球上的呢？

自從微生物學誕生以後，科學家們才最終弄清楚，在人類歷史上肆虐猖獗的天花等傳染病，其元兇主要就是細菌和病毒。無論是細菌，還是病毒，它們都是地球上古老的居民，一旦地球上出現高等生命後，它們就開始在這些生命體內營造自己新的家園。大約在一萬年前，畜牧業和農業的出現。人類開始飼養一些被馴化的動物。

從進化的角度來說，病毒是地球上最古老的生命形式，動物也早於人類來到地球上，可能這些動物感染了病毒，它們在長期的進化過程當中，對這些病毒的感染都已經適應了，或者說，它攜帶了病毒並不發病，以天花來說，引起天花的病毒叫痘病毒，這種病毒在猴子、牛、駱駝等動物當中都有感染，對於天花病毒，動物們已經有了抵抗力，所以習以為常，而最初接觸它的人類，卻不具有對付這種病毒的抗體。從現代醫學的角度看，天花是由天花病毒引發的烈性傳染病天花病毒是一種直徑20毫微米至400毫微米的微生物，它經呼吸道進入人的體內。天花病毒主要靠空氣中的飛沫傳播，速度極快。

在感染天花病毒後的潛伏期中，感染者一般沒有不舒服的感覺，但潛伏期一過就會突然發燒、乏力和頭痛，而後病毒透過血流侵入皮膚生出疹子，形成膿皰……

天花的病死率一般可達25％，有時甚至高達40％。僥倖存活者，也會留下永久性的瘢痕。而且它不分貴賤，連皇族權貴同樣不能倖免。16世紀，英國女王伊莉莎白一世差點因為天花而喪生，雖然倖免一死，卻已鬢髮脫盡，容顏被毀，只得永遠戴著假髮遮醜。

據資料記載，號稱「太陽王」的法國國王路易十四，在征戰中獲得了一顆名貴鑽石，他在佩戴這顆鑽石後染上了天花病毒，後來雖然痊癒，卻留下了滿臉的瘢痕。

1715年9月12日，路易十四去世，年僅5歲的路易十五就任法蘭西新國王。後來，為了避免重蹈路易十四的覆轍，路易十五下令把那顆鑽石封存起來。然而，天花卻沒有對他高抬貴手。

1774年的4月27日，路易十五一覺醒來，感到渾身不舒服，頭痛、頭暈，而且還發燒。幾天之後，路易十五的臉、脖子等部位出現了紅色疹子，而且很快變為膿皰，這些膿皰擴展的速度很快，最後在口腔、喉嚨上也長滿了膿皰。這是典型的天花症狀。這一年的5月10日下午3時15分，倍受天花折磨、在位長達60年的路易十五痛苦地離開了人世。

天花病毒可以污染衣服、床單或其他物品，即便患者死亡，病毒也能在乾燥的塵土中繼續存活幾個月。

大約2000年前的一場天花，在羅馬肆虐了15年之久，它使城市廢棄，田園荒蕪，數百萬人喪命。僥倖死裡逃生的人們，不是瞎了眼睛就是臉部嚴重變形，天花成為人類文明的殺手。

天花和人類的遷徙、戰爭緊密交織在一起，對人類的歷史影響巨大。從6世紀到8世紀，隨著阿拉伯人向北非和伊比利亞半島擴張的腳步，天花也被擴散到了那裡。

11世紀到13世紀，在基督教十字軍東征時期（1096年至1291年），大量的亞洲移民和非洲朝聖者、商人，跨越撒哈拉大沙漠，向西非和東非的海港城市遷徙的同時，也把可怕的天花帶到了這些地區。

到了16世紀，伴隨著探險活動的興起，天花病毒被漂洋過海的船隻和陸地的馬幫帶入歐洲，導致許多國家和城市天花流行。17世紀在英國的威廉和瑪麗時代，有一部描寫天花流行的書這樣寫道：「天花流行時，墳地白骨成堆，人心惶惶不寧。它使嬰兒變醜，慈母見之心碎；它使如花少女毀容，情人見之喪魂。」而在整個18世紀，歐洲死於天花的總人口數據資料估計在1.5億人以上。

在18世紀的亞洲，天花每年吞噬的人數達80多萬。所以，中國的民間早就流傳著這樣的諺語：「孩子生下才一半，出過天花才算全。」

有人推算，在剛剛過去的20世紀裡，天花大約殺死了3億多無辜的生命。儘管20世紀是充滿慘烈戰爭的時代，但死於戰爭的人數只是死於天花人數的三分之一。

霍亂的幽靈

19世紀的世界病，一旦沾染，非死即傷。

瑪律克斯在《霍亂時期的愛情》中這樣描述疫情的爆發：當烏爾比諾醫生「踏上故鄉的土地，從海上聞到市場的臭氣以及看到污水溝裡的老鼠和在街上水坑裡打滾的一絲不掛的孩子們時，不僅明白了為什麼會發生那場不幸，而且確信不幸還將隨時再次發生。」「所有的霍亂病例都是發生在貧民區……設備齊全的殖民地時期的房屋有帶糞坑的廁所，但擁擠在湖邊簡易窩棚裡的人，卻有三分之二在露天便溺。糞便被太陽曬乾，化作塵土，隨著十二月涼爽宜人的微風，被大家興沖沖地吸進體內……」

霍亂在1817至1923年的100多年間，在亞、非、歐美各洲，曾先後發生過6次世界性大流行。只要染上，生還的機會極小。

1817年，印度大部分地區連降暴雨。在人口稠密的恆河兩岸洪水淹沒了田野。5月份，出現的第一例霍亂病人的死亡，表明這種可怕的瘟疫又開始肆虐了，但在當年它還只限於在印度流行。

1817年，霍亂終於越過了印度邊界來到了鄰國和鄰國的鄰國。任何山川峽谷都不能阻擋它，任何國度都可成為它傳播的舞台。它傳向日本、中國、阿拉伯國家，進入波斯灣和敘利亞，然後又向北指向歐洲的門戶裏海。幸虧1823至1824年冬天酷冷，暫時阻隔了它的傳播。

1829年夏季，霍亂又開始復活，向東、向西、向北沿著貿易路線和宗教朝聖路線迅速地向歐洲人口密集中心推進。1830年，霍亂傳到了莫斯科；1831年春天，它到達了波羅的海沿岸的聖彼德堡，從那兒它又輕易地跳到芬蘭、波蘭，然後向南進入匈牙利和奧地利。差不多同一時間，柏林出現了霍亂，緊接著漢堡和荷蘭也報告出現了病情。

在歐洲大陸到處報警的情況下，英國的政治家、醫生、科學家以及廣大民眾都憂慮地注視著疫情的發展。1831年6月2日，國王威廉四世在國會開幕式上說：「我向諸位宣佈一下眾所關心的可怕疾病在東歐不斷發展的情況。我們必須想盡辦法阻止這場災難進入英國。」可是，國王的話沒有說多久，他說的想盡辦法還沒有一絲頭緒，8月份，疾病已進入英國。

英國第一個死於霍亂的人是在瀕臨北海的港口城市森德蘭郊區被發現的。一個製陶業的畫師患病後上吐下瀉，排瀉物就像是大麥粉加水那樣的白色液體。他的手腳發涼、體出虛汗、面色青黲、兩眼下陷、嘴唇青紫、口渴難耐、鼻息陰冷、講活無力、嗓音嘶啞，脈搏細弱得幾乎感覺不出它的跳動。除此之外，這位畫師還發起高燒。儘管病情很嚴重，他還是漸漸好了起來。可是兩天以後鄰居家的一個僕人出現了同樣的症狀，結果卻未能逃脫死亡的命運。

此後死亡連連不斷。對於死亡的原因，那些僅會治療一般腸胃傳染病的英國醫生們只能含含糊糊地把它解釋為嚴重的「夏季腹瀉」。

從1831年的10月23日至12月31日，僅在森德蘭一地就有202人死於霍亂，第二年的1月初，英國東北部其他地區也出現了霍亂傳染。2月份，霍亂蔓延到倫敦港口區，到了夏天，整個英國首都的疫情已經相當嚴重。

1832年一年當中，倫敦共有11000人受到傳染。其中死亡人數約占一半左右，而這個數字在當年英國全國的霍亂

死亡人數的四分之一。霍亂漫遊英國之後，又跨過聖・喬治海峽，來到了愛爾蘭，從那裡它渡過大西洋一直傳到加拿大和美國。在歐洲它遍及法國、比利時、挪威、荷蘭。

1832年春天，德國著名詩人海涅正在巴黎，他留下了活生生的描述：「3月29日當巴黎宣佈出現霍亂時，許多人都不以為然。他們譏笑疾病的恐懼者，更不理睬霍亂的出現。當天晚上多個舞廳中擠滿了人，歇斯底里的狂笑聲淹沒了巨大的音樂聲。突然，在一個舞場中，一個最使人逗笑的小丑雙腿一軟倒了下來。他摘下自己的面具後，人們出乎意料地發現，他的臉色已經青紫。笑聲頓時消失。馬車迅速地把這些狂歡者從舞場送往醫院。但不久他們便一排排的倒下了，身上還穿著狂歡時的服裝……」

海涅的描述可謂相當經典，短短的篇幅，十分生動而準確地呈現了霍亂傳播之快、之嚴重，以及面對瘟疫的眾生百態。

在大西洋彼岸，美洲人早已得到了警告，他們組成了專門委員會對付疾病。醫生們湊在一起相互交換一旦霍亂出現的應對措施。霍亂首先在加拿大的魁北克省和蒙特利爾登陸。1832年6月26日，紐約市的一名愛爾蘭移民帶著霍亂病症死去。不到一星期，他的妻子和兩個孩子也相繼死去。紐約市立即採取了嚴格的隔離檢疫措施。商店關門，靈柩車來回穿梭於大街小巷之間。由於死亡率急劇上升，街溝中常見一些屍首。

不少紐約人紛紛逃離城市，去鄉下尋找避難之所，但他們發現，連逃跑也不是件容易之事。剛剛跨過長島海峽，迎接他們的是羅德島人連珠炮似的槍聲，誰也不願讓疾病傳入自己的家園。

以紐約州為中心，霍亂向四周擴散。它透過伊利運河到達美國中西部地區，又乘著內地的馬車和海岸線邊的船隻到達新奧爾良，並奪去新奧爾良5000人的生命。密西根州伊蒲賽蘭蒂的當地民兵竟向來自底特律的郵車開槍，只因為底特律已經出現了霍亂。在隨後的兩年中，霍亂時起時伏，奪去了美國上千萬條生命。

從1863年開始，沉寂一時的霍亂又開始死灰復燃，這次霍亂大流行歷時十餘年，到1875年才逐漸平息。到1881年，該病又由印度開始猛烈流行，後傳至世界各地，死者不計其數。

可怕的鼠疫

老鼠過街，人人喊打。鼠疫作亂，災難連綿。

在中世紀的一個夏日裡，一個穿彩衣的陌生人大步走進德國的哈默爾恩鎮。他聽說這個鎮裡老鼠成災，表示可以消滅它們——不過要收一筆費用。

當市民們感激地表示同意時，陌生人立即拿出一支笛子，吹出了一種神奇的曲調。這曲調對老鼠有不可抗拒的誘惑力。於是老鼠從鎮裡的各家各戶成群地跑了出來，跟著彩衣魔笛手來到威悉河岸，跟著他走進激流之中，統統淹死在河裡。可是市民們卻拒不付錢給他，於是他再次把笛子拿到唇邊，吹出了另一種曲調——這個曲調不是引誘老鼠而是引誘孩子的。父母們無奈地望著彩衣魔笛手吹起了歡樂的笛聲，帶著所有的孩子走出了哈默爾恩鎮，人們從此再沒見到孩子們的蹤影。

這是格林童話中的一則故事，哈默爾恩的魔笛停息了，但是可怕的鼠疫卻並沒有因此而停止。

1348年開始，一場大瘟疫開始肆虐整個歐洲，它首先發難於地中海沿岸，後在1348至1451年間陸續蔓延在歐洲各國。黑死病1347年發現於西西里，立即傳播到北非、整個義大利和西班牙，接著於次年傳到法國。1349年傳播到奧地利、瑞士、德意志和尼德蘭；1350年傳播到北歐斯堪的納維亞和波羅的海沿岸諸國。

後來又在1361至1363年，1369至1371年，1374至1375年，1390年，1400年時有發生，前後超過50年。歷史研究證明這些地區的人口死亡近三分之一，整個歐洲有2500萬人死於這次瘟疫。死亡人數之多超過歷史上任何一種流行病。這次的瘟疫就是鼠疫。

義大利文藝復興時期人文主義的先驅薄伽丘在1348至1353年寫成了《十日談》，他在引言裡談到了佛羅倫斯特別嚴重的一場瘟疫，這場災難在當時稱作黑死病，實際上是鼠疫。他描寫了病人怎樣突然跌倒在大街上死去，或者冷冷清清地在自己的家中斷氣，直到死者的屍體發出了腐爛的臭味，鄰居們才能知道隔壁發生的事情。

在那可怕的日子裡「葬禮連連不斷，而送葬者卻寥寥無幾」。扛夫們抬著的往往是整個死去的家庭，把他們送到附近的教堂裡去，在那裡由教士們隨便指派個什麼地方埋葬了事。當墓地不夠用的時候，他們就將占地較大的老墳挖開，然後再把幾百具屍體層層疊疊地塞進去，就像往船倉裡堆放貨物一樣。在長達6個月的鼠疫期間，佛羅倫斯的居民死掉一半以上。

鼠疫對錫耶納的蹂躪也同樣殘酷，為了使大量的死者儘快入土為安，那裡不得不加蓋新的教堂。在帕爾馬，詩人佩特拉卡的一個朋友，全家人在3天內都因鼠疫而相繼死去，詩人的筆下為此留了悲傷的詩句。

沒過多久，這種殘酷的現象在歐洲已經比比皆是。法國的馬賽有56000人死於鼠疫的傳染；在佩皮尼昂，全城僅有的8名醫生只有一位從鼠疫的魔掌中倖存下來。

阿維尼翁的情況更糟，城中有7000所住宅被疫病弄得人死屋空，以至羅馬教皇不得不為羅納河祈禱，請求上帝允許把死者的屍體投入河中；巴黎的一座教堂在9個月當中辦理了419份遺囑，比鼠疫爆發之前增加了40倍；甚至歷史上著名的英法百年戰爭也曾由於爆發了鼠疫被迫暫時停頓下來。

據歷史的記載，鼠疫給荷蘭和法蘭德斯地區（歐洲大陸濱臨北海的一個區域，後來分屬於荷蘭、比利時和法國）帶來的災難也異常慘重，死亡人數之多令人難以置信。從那裡經過的旅行者們見到的是荒蕪的田園無人耕耘，洞開的酒窖無人問津，無主的乳牛在大街上閒逛，當地的居民卻無影無蹤。

在比利時的圖爾耐城，主教大人成了鼠疫的第一個受害者。下葬時，教堂為他敲響了喪鐘。從這天起，每當早晨，中午和晚上，送葬的鐘聲不停地為新的死者哀鳴。

1348年底，鼠疫傳播到了德國和奧地利的腹地，瘟神走到哪裡，哪裡就有成千上萬的人被鼠疫吞噬。維也納曾經在一天當中死亡960人，德國的神職人員當中也有三分之一被鼠疫奪去了生命，許多教堂和修道院因此無法維持。

在英國，由於鼠疫的蔓延1349年1月，英國國王愛德華三世（1327至1377年），決定把國會延期到4月27日；接著又在3月發出通知，宣佈由於鼠疫，會議無限期延期。

鼠疫造成了人力奇缺，為了對付鼠疫帶來的慌亂，愛德華時期還制定了英國著名的勞工法案。法案的序言中寫道：「鑑於大部分人民，主要是工人和雇工死於鼠疫，並且某些人趁主人需要和缺乏雇工之機，要求主人付給他們極高的工資，否則不願為主人勞動；而另一些人遊手好閒，寧願乞討度日，也不願為主人勞動。

根據我們的高級教士和貴族及其他有技能者之建議，特規定：王國境內凡身強力壯之男子和女人，年齡在60歲以下者，無論自由或非自由的，若非靠做活為生，或無錢以維持生計……若需要為別人工作，其工資須按朕即位後第20年的慣例支付。」

但是，這項法令的後果是強迫人們勞動，而不增加工資，於是發生了英國歷史上最重要的一次農民大起義，即瓦特·泰勒起義。

據記載，在倫敦，沃爾特·曼尼爵士出於慈悲為倫敦市民購置墓地埋葬了5萬具屍體，這個地點後來建起了爾特修道院作為紀念。

歐洲其他地方的情況也大致相同。鼠疫使拜占廷皇帝失去了一個兒子；在斯普利特有些人雖然從瘟疫中掙扎著活了下來，卻沒有逃過狼群的殘害；西班牙國王阿爾方斯也未能逃脫瘟神的魔掌，染病死去。

1351年，鼠疫漸漸地平息下去，歐洲的人口大約損失了三分之一。後來的三百年當中，鼠疫曾經一再重新爆發，成為歐洲死亡率最高的傳染病之一。

1918年的「西班牙女士」

越是溫柔的名字，往往越具有不可輕視的殺傷力。

1918年第一次世界大戰以同盟國的戰敗投降而告終。戰爭造成了1000多萬人死亡，人們盼望著和平寧靜的生活。然而就在此刻，一場更大規模的災難使得一次大戰的死亡幽靈相形見絀，就是所謂的「西班牙流感」。

西班牙流感也被稱作西班牙女士（Spanish Lady），不過它卻有些名不符實。這場流感絕對沒有它的名稱那樣溫柔。

現有的醫學資料顯示，「西班牙流感」最早出現在美國堪薩斯州的芬斯（Funston）軍營。1918年3月11日午餐前，這個軍營的一位士兵感到發燒、嗓子疼和頭疼，就去部隊的醫院看病，醫生認為他患了普通的感冒。

然而，接下來的情況出人意料：到了中午，100多名士兵都出現了相似的症狀。幾天之後，這個軍營裡已經有了500名以上的「感冒」病人。

在隨後的幾個月裡，美國全國各地都出現了這種「感冒」

的蹤影。這一階段美國的流感疫情似乎不那麼嚴重，與往年相比，這次流感造成的死亡率高不了多少。在一場世界大戰尚未結束時，軍方很少有人注意到這次流感的爆發——儘管它幾乎傳遍了整個美國的軍營。

隨後，流感傳到了西班牙，總共造成800萬西班牙人死亡，這次流感也就得名「西班牙流感」。9月，流感出現在波士頓，這是「西班牙流感」最嚴重的一個階段的開始。

10月，美國國內流感的死亡率達到了創紀錄的5%。戰爭中軍隊大規模的調動為流感的傳播火上澆油。有人懷疑這場疾病是德國人的細菌戰，或者是芥子氣引起的。

這次流感呈現出了一個相當奇怪的特徵。以往的流感總是容易殺死年老體衰的人和兒童，這次的死亡曲線卻呈現出一種「W」型——20歲到40歲的青壯年人也成為了死神追逐的對象。到了來年的2月份，「西班牙流感」迎來了它相對溫和的第三階段。

數月後，「西班牙流感」在地球上銷聲匿跡了。不過，它給人類帶來的損失卻是難以估量的。科學家估計，大約有2000萬到4000萬人在流感災難中喪生。相比之下，第一次世界大戰造成的1000萬人死亡只有它的1/2到1/4。據估計，在這場流感之後，美國人的平均壽命下降了10年。

作為一種傳染病，流感至少已經有了2000多年的歷史。1918年「西班牙流感」的危害甚至超過了中世紀歐洲爆發的鼠疫。

▶ 可怕的驚奇謎團：是巧合還是命中註定？（讀品讀者回函卡）

■ 謝謝您購買這本書，請詳細填寫本卡各欄後寄回，我們每月將抽選一百名回函讀者寄出精美禮物，並享有生日當月購書優惠！
想知道更多更即時的消息，請搜尋"永續圖書粉絲團"

■ 您也可以使用傳真或是掃描圖檔寄回公司信箱，謝謝。
傳真電話：（02）8647-3660　　信箱：yungjiuh@ms45.hinet.net

◆ 姓名：＿＿＿＿＿＿＿　□男　□女　□單身　□已婚

◆ 生日：＿＿＿＿＿＿＿　□非會員　□已是會員

◆ **E-mail**：＿＿＿＿＿＿＿　電話：(　)＿＿＿＿

◆ 地址：＿＿＿＿＿＿＿＿＿＿＿＿＿＿

◆ 學歷：□高中以下　□專科或大學　□研究所以上　□其他＿＿＿＿

◆ 職業：□學生　□資訊　□製造　□行銷　□服務　□金融
□傳播　□公教　□軍警　□自由　□家管　□其他＿＿＿＿

◆ 閱讀嗜好：□兩性　□心理　□勵志　□傳記　□文學　□健康
□財經　□企管　□行銷　□休閒　□小說　□其他

◆ 您平均一年購書：□ 5本以下　□ 6～10本　□ 11～20本
□21～30本以下　□ 30本以上

◆ 購買此書的金額：＿＿＿＿＿＿

◆ 購自：□連鎖書店　□一般書局　□量販店　□超商　□書展
□郵購　□網路訂購　□其他

◆ 您購買此書的原因：□書名　□作者　□內容　□封面
□版面設計　□其他

◆ 建議改進：□內容　□封面　□版面設計　□其他＿＿＿＿

您的建議：

剪下後傳真、掃描或寄回至「22103新北市汐止區大同路三段194號9樓之1讀品文化收」

2 2 1-0 3

新北市汐止區大同路三段 194 號 9 樓之 1

讀品文化事業有限公司　收

電話/(02)8647-3663　　傳真/(02)8647-3660

劃撥帳號/18669219　　永續圖書有限公司

請沿此虛線對折免貼郵票或以傳真、掃描方式寄回本公司，謝謝！

讀好書品嚐人生的美味

可怕的驚奇謎團：是巧合還是命中註定？